Arndt Beiderwieden

Marketing

Ein handlungsorientiertes Informations- und Arbeitsbuch

Materialienband

2. Auflage

Vollständige Unterrichtsverläufe mit allen Materialien (Arbeitsblättern, Folien-/Kopiervorlagen und Projekt-/ Rollenspielanleitungen) sowie Lösungen zur handlungsorientierten Erarbeitung des Themengebietes

Bestellnummer 01684

Bildungsverlag EINS

Haben Sie Anregungen oder Kritikpunkte zu diesem Produkt?
Dann senden Sie eine E-Mail an 01684@bv-1.de
Autoren und Verlag freuen sich auf Ihre Rückmeldung.

www.bildungsverlag1.de

Bildungsverlag EINS GmbH
Sieglarer Straße 2, 53842 Troisdorf

ISBN 978-3-427-**01684**-7

Vorwort

Liebe Lehrerin, lieber Lehrer,

an dieser Stelle möchte ich die drei Fragen beantworten, die mir im letzten Jahr im Lehrerzimmer häufig gestellt wurden:

1. Warum dieses Buch?

Marketing ist ein lebendiges und vielseitiges Themengebiet. Dieses Buch führt die Schülerinnen und Schüler mit lebendigen und praxisnahen Arbeitsaufträgen an einem roten Faden durch alle wichtigen Entscheidungsbereiche des modernen Marketings. Gleichzeitig gewährleistet das Buch, dass alle Themen fachlich fundiert erarbeitet und Arbeitsergebnisse mithilfe zahlreicher Bewertungskriterien objektiv beurteilt werden können.

2. Wie lange dauert die Erarbeitung mit diesem Buch?

Das Buch kann in einem Zeitkorridor von etwa 40 bis 80 Unterrichtsstunden durchgearbeitet werden. Der konkrete Bearbeitungszeitraum hängt davon ab,

- in welchem Umfang Sie Arbeitsaufträge als Hausaufgaben auslagern,
- wie viele Arbeitsaufträge Sie überspringen (stets möglich),
- wie leistungsstark Ihre Klasse ist.

3. Wie arbeitet man mit diesem Buch?

- **Praxisfall „Careli GmbH":** In einem ersten Schritt sollten die Arbeitsaufträge zum Modellunternehmen Careli GmbH bearbeitet werden (siehe Verlaufspläne zu Beginn jedes Abschnitts). Das erforderliche Fachwissen ist vollständig in den jeweiligen Infotexten enthalten. In schwächeren Klassen sollten diese Infotexte vor Bearbeitung der Arbeitsaufträge gemeinsam gelesen und Verständnisfragen geklärt werden. Alle Fachbegriffe können stets selbstständig im Glossar und im Stichwortverzeichnis nachgeschlagen werden. Der Anhang beinhaltet methodische Techniken, welche themenübergreifend eingesetzt werden können. Das Überspringen von Abschnitten ist jederzeit möglich.

- **Kompakttext und Vertiefungsarbeitsaufträge:** Kompakttexte fassen in jedem Abschnitt die wichtigsten Kerninhalte zusammen und ergänzen diese um traditionelles Prüfungswissen. Sie liefern gemeinsam mit den Infotexten das ergänzende Fachwissen zur Bearbeitung der Vertiefungsarbeitsaufträge, welche jedes Kapitel abschließen.

- **Optional – Unterrichtsprojekt:** Sofern Sie ein Marketingprojekt durchführen wollen, sollten zunächst die theoretischen Marketinggrundlagen erarbeitet und erst im Anschluss komplexe Marketingprojekte durchgeführt werden (siehe dazu auch „Projektmanagement – Zielorientierte Bearbeitung von Projekten, Bildungsverlag EINS, Bestellnummer 01188). Dabei empfiehlt sich die Einrichtung von Kleingruppen (4 Schüler/-innen) und, sofern möglich, die Bearbeitung überschaubarer Marketingprojekte externer Auftraggeber. Die erstmalige *Erarbeitung* des Themengebietes Marketing durch ein einziges Projekt führt aus meiner Sicht zu inhaltlich unbefriedigenden Ergebnissen für alle Beteiligten. Folgende Marketingprojekte sind nach Erarbeitung dieses Buches zu empfehlen:
  - Durchführung und Auswertung einer Befragung (Schülerband S. 25 bis 33)
  - Entwicklung und Publikation eines Webshops (beiliegende CD im Schülerband, Schülerband S. 68)
  - Planung und (ggf. anteilige) Umsetzung einer Werbekampagne (Schülerband, S. 73 bis 82)
  - Entwicklung eines Marketingkonzepts (Checkliste Marketingkonzept, Anhang im Schülerband).

Ich möchte mich an dieser Stelle bei allen Kolleginnen und Kollegen sowie Marketingmanagerinnen und -managern für ihre hervorragende Unterstützung bedanken und hoffe, dass Ihnen, liebe Leserin und lieber Leser, der Unterricht mit diesem Buch Freude macht. Auch aus Ihren Erfahrungen würde ich gern lernen und freue mich über Anregungen und Kritik, die Sie mir jederzeit über den Verlag zukommen lassen können.

Arndt Beiderwieden

Inhaltsverzeichnis

A Industrieunternehmen Careli GmbH

Verlaufsplan			
Unterrichtsschritt	**Aktions- und Sozialform**	**Schülerband S.**	**(Min.)**
Kennenlernen des Unternehmens Die Schülerinnen/Schüler ordnen mithilfe des Organigramms ... • übergeordneten betrieblichen Funktionen eine Abteilung zu, • konkreten Tätigkeitsbeispielen eine Abteilung zu. Besprechen der Ergebnisse	Partnerarbeit Unterrichtsgespräch	8 8 (Folie)	25
Darstellen der Struktur des Produktprogramms Die Schülerinnen/Schüler stellen das Produktionsprogramm mithilfe der Artikelliste in Form einer Baumstruktur grafisch dar. Darstellen und Besprechen einer Lösung	Partnerarbeit Präsentation an der Tafel Unterrichtsgespräch	9	20
Visualisieren der Aufgabengebiete der Marketingabteilung Die Schülerinnen/Schüler lesen das Zeitungsinterview und tragen die Fachbegriffe in die Grafik ein. Besprechen der Ergebnisse	Partnerarbeit Unterrichtsgespräch	10 bis 12 10 (Folie)	45

Lösungen der Einstiegsaufgaben

Lösung Arbeitsauftrag 1: *Suchen Sie die entsprechenden Abteilungen aus dem Organigramm heraus und ordnen Sie diese den beschriebenen Funktionen richtig zu. Fassen Sie dabei die drei Teilproduktionen zur Abteilung „Produktion" zusammen.*

Abteilung	Funktion
Vertrieb	Aufbau und Pflege der Kundenkontakte sowie Verkauf vor Ort
Lager	Einlagern und Ausliefern von Material und Produkten
Produktion	Herstellung von Halbfertig- und Fertigteilen
Finanzbuchhaltung	Erfassen aller betrieblichen Vorgänge und Vermögensteile in Zahlen
Controlling	Erfassen und Aufbereiten betrieblicher Kosten und Leistungen
Marketing	Langfristige Planung und Vermarktung des Produktprogramms
Personal	Beschaffung, Verwaltung, Förderung und Freistellung der Mitarbeiter/-innen
Einkauf	Beschaffung von Roh-, Hilfs- und Betriebsstoffen
Geschäftsführung	Leitung und Koordination aller Aktivitäten

Lösung Arbeitsauftrag 2: *Kreuzen Sie die zuständige Abteilung an:*

Nr.	Tätigkeitsbeispiele	Abteilung							
		EK	La	Pr	Pe	FIBU	Co	Ma	Ve
1	Analysieren von Bewerbungsunterlagen				X				
2	Planen einer Kundenbefragung							X	
3	Analysieren der betrieblichen Kosten						X		
4	Erstellen der Bilanz					X			
5	Optimieren der Maschinenlaufzeiten			X					
6	Vergleichen von Lieferantenangeboten	X							
7	Durchführen von Soll-Ist-Vergleichen						X		
8	Kommissionieren der Ware		X						
9	Beraten der Kunden								X
10	Umsetzen einer Werbekampagne							X	
11	Erstellen von Gehaltsabrechnungen				X				
12	Buchen von Ein- und Ausgangsrechnungen					X			
13	Ermitteln neuer Bezugsquellen	X							
14	Festlegen der Vertriebswege							X	
15	Führen von Verkaufsgesprächen								X
16	Umrüsten von Maschinen			X					
17	Be- und Entladen der LKW		X						
18	Entwickeln von Preisstrategien							X	

Lösung Arbeitsauftrag 3: *Stellen Sie die Struktur des Produktprogramms der Careli GmbH übersichtlich dar.*

Darstellen der Struktur des Produktprogramms

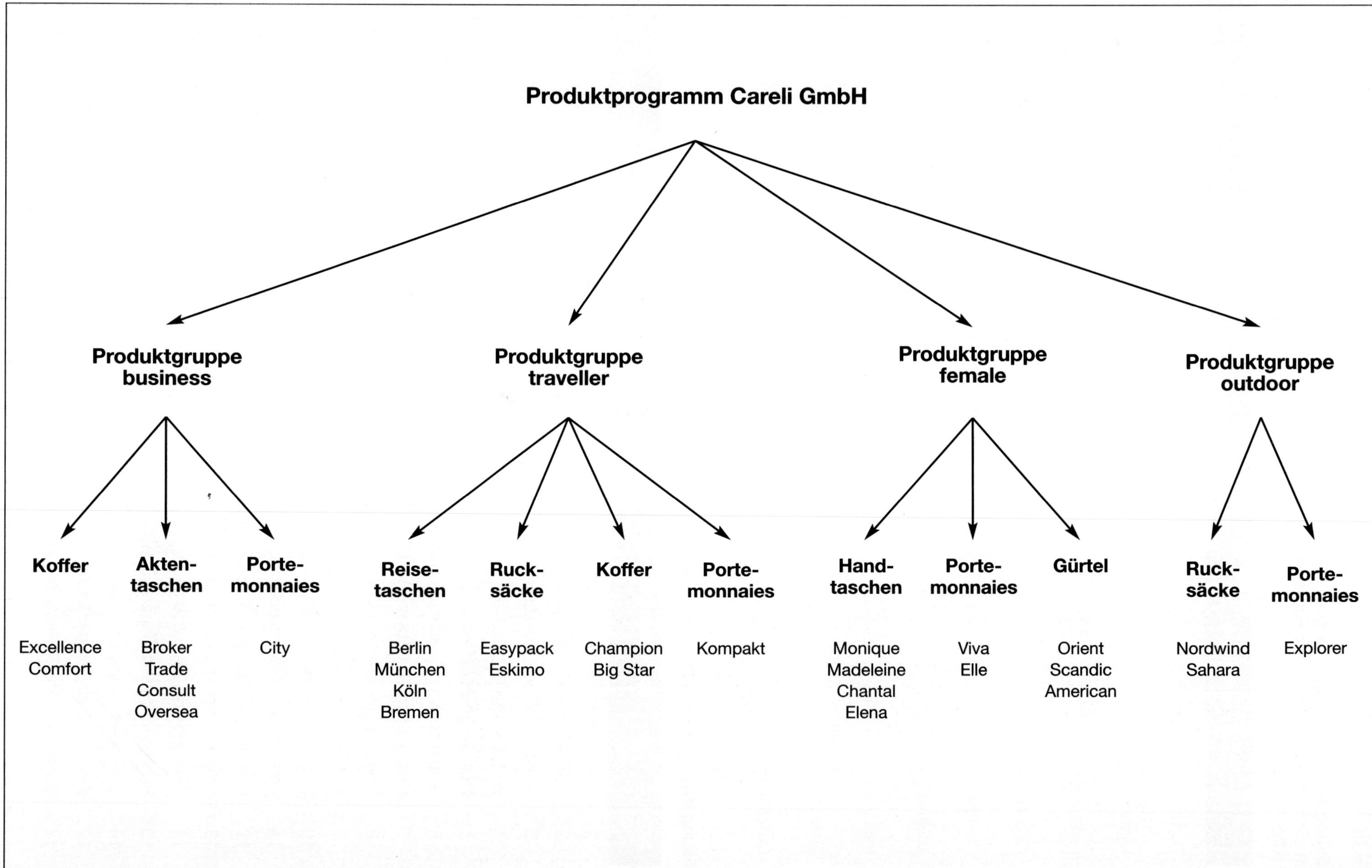

Lösung Arbeitsauftrag 4: *Tragen Sie die kursiv gedruckten Fachbegriffe im nachfolgenden Interview mit dem Leiter der Marketingabteilung, Dr. Liedtke, in das Schema ein:*

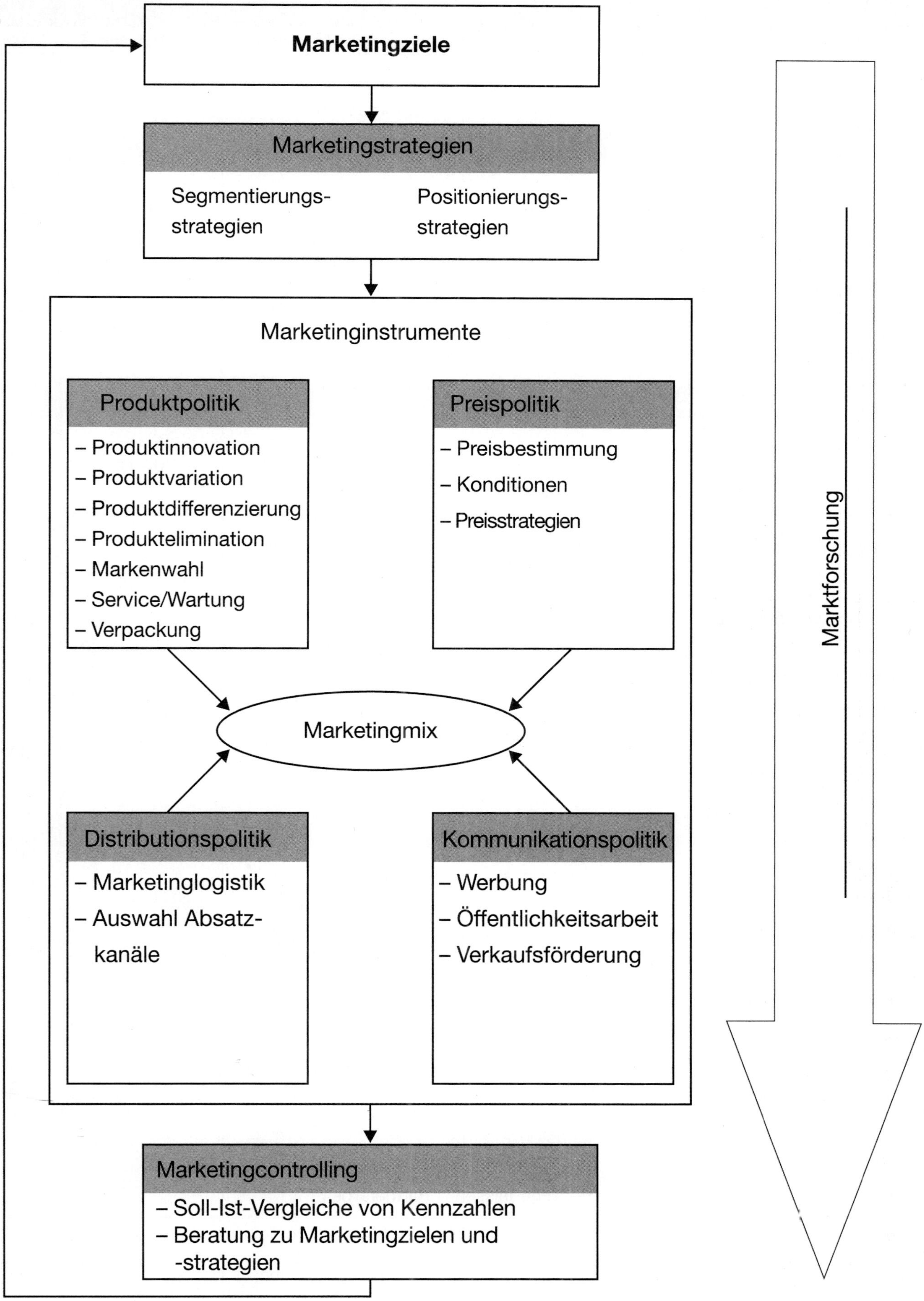

B Marketingziele und -strategien

Verlaufsplan			
Unterrichtsschritt	**Aktions- und Sozialform**	**Schülerband S.**	**(Min.)**
Formulieren präziser Marketingziele			30
Die Schülerinnen/Schüler prüfen die vorliegenden Marketingzielformulierungen mithilfe der Regeln zur Zielformulierung im Infotext und formulieren Verbesserungsvorschläge.	Partnerarbeit	13, 14	
Die Schülerinnen/Schüler finden mithilfe des Infotextes heraus, ob Zielbeziehungen komplementär, neutral oder konkurrierend sind.	Partnerarbeit	13, 14	
Besprechen der Ergebnisse	Unterrichtsgespräch		
Aufspüren von Wachstumschancen: Wachstumsstrategien			30
Die Schülerinnen/Schüler ordnen die vorliegenden Maßnahmen den entsprechenden Wachstumsstrategien zu.	Partnerarbeit	15, 16	
Die Schülerinnen/Schüler formulieren eigene Maßnahmenvorschläge und ordnen diese ebenfalls den richtigen Wachstumsstrategien zu.	Partnerarbeit	15, 16	
Besprechen der Ergebnisse	Unterrichtsgespräch		
Marktsegmentierungsstrategien: Zerlegen des Marktes in Teilmärkte			30
Die Schülerinnen/Schüler berechnen Umsatzerwartungen für ausgewählte Marktsegmente.	Partnerarbeit	17 bis 19	
Die Schülerinnen/Schüler diskutieren die Frage, ob das Marktsegment „Jugendliche“ noch weiter untersegmentiert werden sollte. Die Lehrerin/der Lehrer gibt anschließend bekannt, dass die Marketingleitung diesen Teilmarkt in die Segmente „Mädchen“ und „Jungen“ aufteilen und für beide Segmente ein Produkt anbieten will.	Partnerarbeit	17 bis 19	
Die Schülerinnen/Schüler ordnen die grundsätzliche Marktsegmentierungsstrategie von Careli ein.	Partnerarbeit	17 bis 19	
Auswertung der Ergebnisse	Unterrichtsgespräch		
Besetzen einer Nische im Wettbewerb: Positionierungsstrategien			45
Die Schülerinnen/Schüler positionieren Produkte im Eigenschaftsraum und erläutern beispielhaft, wie die Unternehmen dabei vorgehen.	Partnerarbeit	20, 21	
Die Schülerinnen/Schüler analysieren Vor- und Nachteile der zweidimensionalen Darstellungsform und entwickeln Alternativen.	Partnerarbeit	20, 21	
Nach jedem Arbeitsauftrag: Besprechen der Ergebnisse	Partnerarbeit		
Bearbeiten der Vertiefungsaufgaben	Einzelarbeit	24	45
Besprechen der Ergebnisse	Unterrichtsgespräch		

Lösungen: Praxisfall „Careli GmbH“

Formulieren geeigneter Marketingziele

Lösung Arbeitsauftrag 1: *Überprüfen Sie die Ziele mithilfe der Regeln der Zielformulierung und im nachfolgenden Infotext formulieren Sie – sofern erforderlich – Verbesserungsvorschläge.*

- zu Ziel 1: Der Zeitbezug fehlt, es wird nicht deutlich, bis wann der Umsatz erreicht sein soll.
- zu Ziel 2: Das Ziel ist für ein mittelständisches Unternehmen nicht realistisch.
- zu Ziel 3: Das Ziel ist nicht eindeutig formuliert.
- zu Ziel 4: Das Ziel ist sehr missverständlich (Wer ist der Kunde? Was bedeutet „gut“?) und nicht messbar. Möglich wäre etwa: Bei einer Befragung antworten 85 % der Kunden in Fachgeschäften des Einzelhandels für Taschen, Careli-Produkte hätten das Image, individuell und originell gestaltet zu sein.
- zu Ziel 5: Das Ziel nimmt den Lösungsweg vorweg und es fehlt das Zeitziel.
- zu Ziel 6: Das Ziel ist vermutlich nicht bzw. nur unter Einsatz unverhältnismäßiger Werbekosten erreichbar. Darüber hinaus ist das Ziel nicht präzise: regionaler, nationaler oder internationaler Bekanntheitsgrad?

Lösung Arbeitsauftrag 2: *Tragen Sie in den hellen Feldern die betreffende Zielbeziehung ein:*

	Ziel Nr. 1	Ziel Nr. 2	Ziel Nr. 3	Ziel Nr. 4	Ziel Nr. 5	Ziel Nr. 6
Ziel Nr. 1						
Ziel Nr. 2	komplementär					
Ziel Nr. 3	komplementär	komplementär				
Ziel Nr. 4	komplementär	komplementär	komplementär			
Ziel Nr. 5	konkurrierend	konkurrierend	konkurrierend	konkurrierend		
Ziel Nr. 6	komplementär	komplementär	komplementär	neutral	konkurrierend	

Aufspüren von Wachstumschancen: Wachstumsstrategien

Lösung zu Arbeitsauftrag 1: *Ordnen Sie mithilfe des folgenden Infotextes die vorliegenden Marketingmaßnahmen den vier Wachstumsstrategien (siehe Kasten) zu:*

Zielgruppen / *Produkte*	*gegenwärtig*	*neu*
gegenwärtig	b) Careli handelt mit einer Kaufhauskette eine größere Regalfläche für seine Produkte aus. d) Careli bietet die Reisetasche „Berlin“ gemeinsam mit dem Koffer „Champion“ zum Sonderpreis an. h) Careli-Taschen werden zukünftig auch in Tankstellenshops angeboten. Annahme: Die bisherige Kundschaft wird damit auch an anderen Orte erreicht.	a) Die Tasche „Bremen“ wird zukünftig auch mit Innenfächern versehen und als Fototasche vermarktet. g) Careli kann seine Produkte zukünftig in einer polnischen Edelkaufhauskette platzieren. j) Careli verkauft seine bewährten Patentverschlüsse (Halbfertigprodukt) an einen finnischen Rucksackhersteller.
neu	e) Careli nimmt Trolleys in die Produktgruppe „business“ auf. i) Careli nimmt einen wasserdichten Reisekoffer in sein Programm auf.	c) Careli bietet fortan Erlebnisreisen für Senioren an. f) Careli erweitert sein Produktprogramm um Taschen für Sportler. k) Careli bietet zukünftig Taschen für Jugendliche an. j)

Lösung zu Arbeitsauftrag 2: *Ergänzen Sie für Wachstumsstrategie einen eigenen Maßnahmenvorschlag und tragen Sie ihn in das betreffende Feld ein.*

Schülerabhängige Antworten. Die Idee sollte vereinbar mit der Positionierung des Unternehmens sein. Richtige Antworten sollen beispielhaft in die entsprechenden Felder eingetragen werden. Die bisherige Kundschaft wird damit auch an anderen Orten erreicht.

Zerlegen eines Marktes in Teilmärkte: Marktsegmentierungsstrategien

Lösung Arbeitsauftrag 1: *Errechnen Sie mithilfe des Glossars die Umsatzaussichten beider Marktsegmente auf dem deutschen Markt für das Unternehmen Careli im Folgejahr. Gehen Sie bei Ihren Berechnungen davon aus, dass die Hälfte des erwirtschafteten Umsatzes auf den Handel entfällt. Für welches Marktsegment sollte sich Careli bei vergleichbarer Kostensituation entscheiden?*

Sportler:

210 Mio. + (210 Mio. · 3 %) = 216,3 Mio. EUR im Folgejahr
Anteil Careli abzüglich Handelsmarge: 216,3 · 2 % = 4,326 / 2 = 2,163 Mio. EUR

Jugendliche:

Hochrechnung: (980.000 / 1,7 Mio.) · 82,5 Mio. = 47,6 Mio. Umsatz in diesem Jahr bundesweit
Folgejahr: 47,6 Mio. + (47,6 Mio. · 20 %) = 57,1 Mio.
Anteil Careli abzüglich Handelsmarge: 57,1 Mio. · 15 % = 8,6 Mio. / 2 = 4,3 Mio. EUR

Auch wenn der Umsatz in Hamburg über dem Durchschnitt des ländlichen Umsatzes liegt, ist das Marktsegment „Jugendliche“ lukrativer. Es sollte auch deswegen ausgewählt werden, weil die Wachstumsperspektiven erheblich positiver ausfallen als die des Marktsegments „Sportler“.

Lösung Arbeitsauftrag 2: *Prüfen Sie mithilfe der Segmentierungskriterien aus dem nachfolgenden Infotext, ob Careli diesen Teilmarkt noch weiter segmentieren sollte und beraten Sie das Unternehmen.*

Alle Schülervorschläge sollten diskutiert werden.

Der/die Lehrer/-in gibt bekannt: Die Leitung der Abteilung Marketing hat beschlossen, den Teilmarkt „Jugendliche“ noch einmal in die Segmente „Mädchen“ und „Jungen“ zu zerlegen (Segmentierungskriterium: Geschlecht), da diese Segmente in der Regel unterschiedliche Anforderungen an das Produkt stellen. Für beide Segmente soll ein Modell angeboten werden.

Lösung Arbeitsauftrag 3: *Welche Segmentierungsstrategie betreibt die Careli GmbH mit ihren Produktgruppen auf dem Gesamtmarkt für Taschen? Nehmen Sie dabei den nachfolgenden Infotext zu Hilfe und begründen Sie Ihre Meinung.*

Careli betreibt im Grundsatz die Strategie der „selektiven Segmentspezialisierung“, da mehrere, aber nicht alle Segmente des Taschenmarktes mit unterschiedlichen Produkten bedient werden.

Segmente, in denen Careli nicht vertreten ist:

- Schultaschen für Kinder
- Motorradtaschen
- Sporttaschen
- Herrenhandtaschen
- usw.

Abgrenzen vom Wettbewerb: Positionierungsstrategien

Lösung Arbeitsauftrag 1: *Bestimmen Sie für das ausgewählte Marktsegment die Position der wichtigsten Konkurrenzmarken von Careli (Esprit, H & M, Eastpak, TCM von Tchibo, Lacoste, s.Oliver und bei Bedarf weitere) im Eigenschaftsraum. Nehmen Sie dabei den nachfolgenden Infotext zu Hilfe und tragen Sie alle Produkte in folgender Grafik ein:*

Folgende Lösung wird an dieser Stelle vorgeschlagen, jedoch handelt es sich bei der Erfassung der Ist-Position aller Wettbewerber stets um eine „subjektive" Lösung. Gut begründeten Alternativen sollte daher stattgegeben werden:

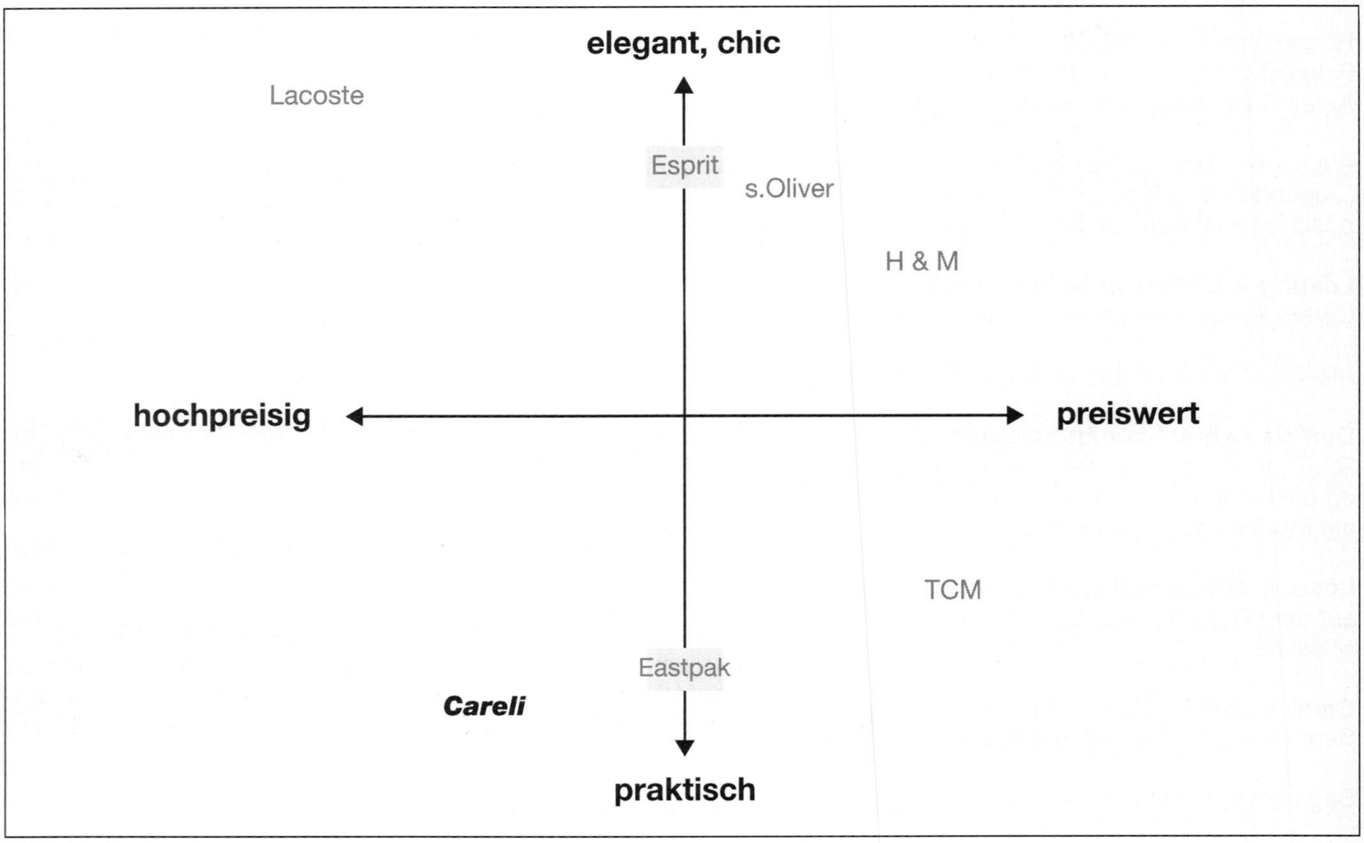

Lösung Arbeitsauftrag 2: *Durch welche Marketingmaßnahmen haben sich diese Anbieter in Ihrer Gedankenwelt positioniert? Erläutern Sie dazu, wie sie auf die einzelnen Positionen gekommen sind.*

An dieser Stelle sollen sich die Schülerinnen/Schüler bewusst machen, durch welche Maßnahmen sich die Hersteller von ihren Konkurrenten abgrenzen. Im Kern sollten dabei genannt werden:

- Produktangebot (Welche Produkte hat der betreffende Hersteller?)
- Produktgestaltung (Wie sehen diese Produkte genau aus?)
- Produktqualität (Verarbeitung der Produkte)
- Preise der Produkte (Preisniveau insgesamt)
- Art und Image der Einkaufsstätten (Modegeschäfte, Kaufhäuser, Outdoor-Handel usw.)
- Werbung (Was ist die typische Werbebotschaft?)
- usw.

Lösung Arbeitsauftrag 3: *Tragen Sie die Position von Careli im Eigenschaftsraum ein und begründen Sie Ihre Meinung.*

Eintragung: siehe Positionierungsgrafik

Begründung: Das Unternehmen, sein Image und die Produktphilosophie wurden in Abschnitt A (Schülerband, Seite 6) vorgestellt. Daraus geht hervor, dass Careli-Produkte ein eigenwilliges Design („frech und ungewöhnlich") mit hoher Alltagstauglichkeit („praktische Zweckmäßigkeit") verbinden und sie zu leicht überdurchschnittlichen Preisen angeboten werden.

Problem: Dieser Eigenschaftsraum ist unzweckmäßig, um den USP von Careli („das etwas andere Produkt") darzustellen. Dieses Problem soll in der Folgeaufgabe angegangen werden.

Lösung Arbeitsauftrag 4: *Bei dem Versuch einer Positionierung von Careli sowie einiger seiner Wettbewerber wurde von mehreren Managern Kritik am zweidimensionalen Eigenschaftsraum geübt. Prüfen Sie Vor- und Nachteile dieser Darstellungsform und entwickeln Sie Verbesserungsvorschläge.*

Vorteil: Das Modell ist sehr einfach und schnell skizziert. So lassen sich rasch alle Wettbewerber grafisch positionieren.

Nachteil: Das Modell stößt schnell an seine Grenzen, etwa wenn mehr als zwei unabhängige Produktmerkmale von Bedeutung sind. So können in diesem Beispiel keine Produkte anschaulich positioniert werden, sofern sie gleichzeitig praktisch/vielseitig sowie elegant/chick sind. Solche Produkte werden in der zweidimensionalen Darstellung mittig eingetragen. Careli kann in dieser Form der Darstellung seinen USP nur unscharf herausstellen.

Auf der nächsten Seite (Folienvorlage) wird ein alternativer Vorschlag dargestellt:

Folienvorlage

Alternative Darstellungsform der Positionierung

Das „Positionierungsprofil“ in einer Eigenschaftsmatrix erlaubt die Berücksichtigung beliebig vieler Produktmerkmale. Jedes Produkt wird in Form einer Linie dargestellt.

Beispiel: Positionierung Careli

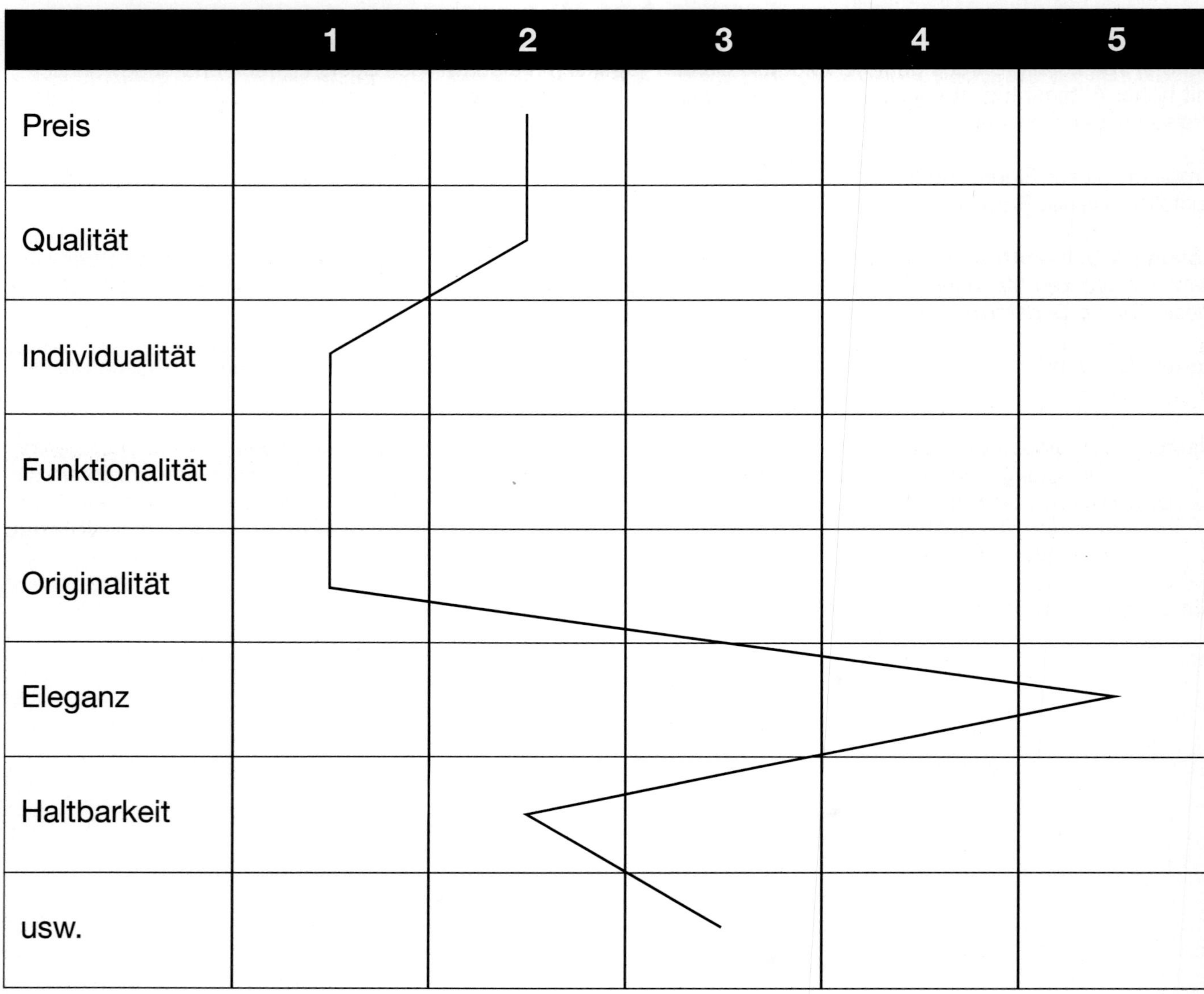

(1 = sehr ausgeprägt, 5 = nicht ausgeprägt)

Lösungen: Vertiefungsaufgaben

Lösung Aufgabe 1: *Warum werden Imageziele langfristiger (ca. fünf Jahre) festgelegt als Umsatzziele (ca. ein Jahr)?*

Umsatzziele müssen jährlich aktualisiert werden, da sich die Marktbedingungen (Wettbewerbssituation, Kaufkraftverlust der Währung, Einkommen der Kunden usw.) laufend ändern.

Das Produkt- oder Unternehmensimage sollte entweder gar nicht oder nur sehr selten und dann auch sehr behutsam geändert werden, denn der Unternehmenserfolg ist erheblich von der Imagekontinuität abhängig: Mehrfacher Imagewechsel führt zu Imageverwässerung aus Sicht der Kunden.

Lösung Aufgabe 2: *Ein Hersteller von Babynahrung verfolgt gleichzeitig die Ziele, auch in ausländischen Supermärkten vertreten zu sein sowie die Marketingkosten zu senken. Erläutern Sie die Zielbeziehung und die erforderliche Entscheidung.*

Zielkonflikt: Präsenz in ausländischen Supermärkten ist zwangsläufig mit Erhöhung der Marketingkosten verbunden. Daher muss das Unternehmen eine Zielpriorität festlegen, das untergeordnete Ziel kann dann nicht oder nur in geringem Maße verfolgt werden.

Lösung Aufgabe 3: *Das Programm des Fahrradherstellers Russ umfasst die Produktgruppen „Trekking-Bikes", „Mountain-Bikes", „traditionelle Stadtfahrräder", „Hollandfahrräder" sowie „technisches Zubehör". Um einem Umsatzrückgang entgegenzuwirken, denkt Russ über verschiedene Wachstumsstrategien nach.*

a) *Um welche Wachstumsstrategien handelt es sich in den folgenden Fällen?*

- *Aufnahme von Fahrradtaschen in das Programm:* Produktentwicklung
- *Durchführen einer Sonderpreisaktion im Juli:* Marktdurchdringung
- *Aufbau eines Webshops zur Gewinnung überregionaler Kunden:* Marktentwicklung
- *Aufnahme von Motorradkleidung in das Programm:* Diversifikation

b) *Unterbreiten Sie Russ für jede der Ihnen bekannten Wachstumsstrategien einen eigenen Vorschlag.*

Schülerabhängige Lösung

Lösung Aufgabe 4: *Positionieren Sie folgende Duschgels im Eigenschaftsraum: Adidas, Nivea, Blue Moon (Plus), Fa, Dove, Calvin Klein, Isana (Rossmann), Cliff, Sebamed, Palmolive.*

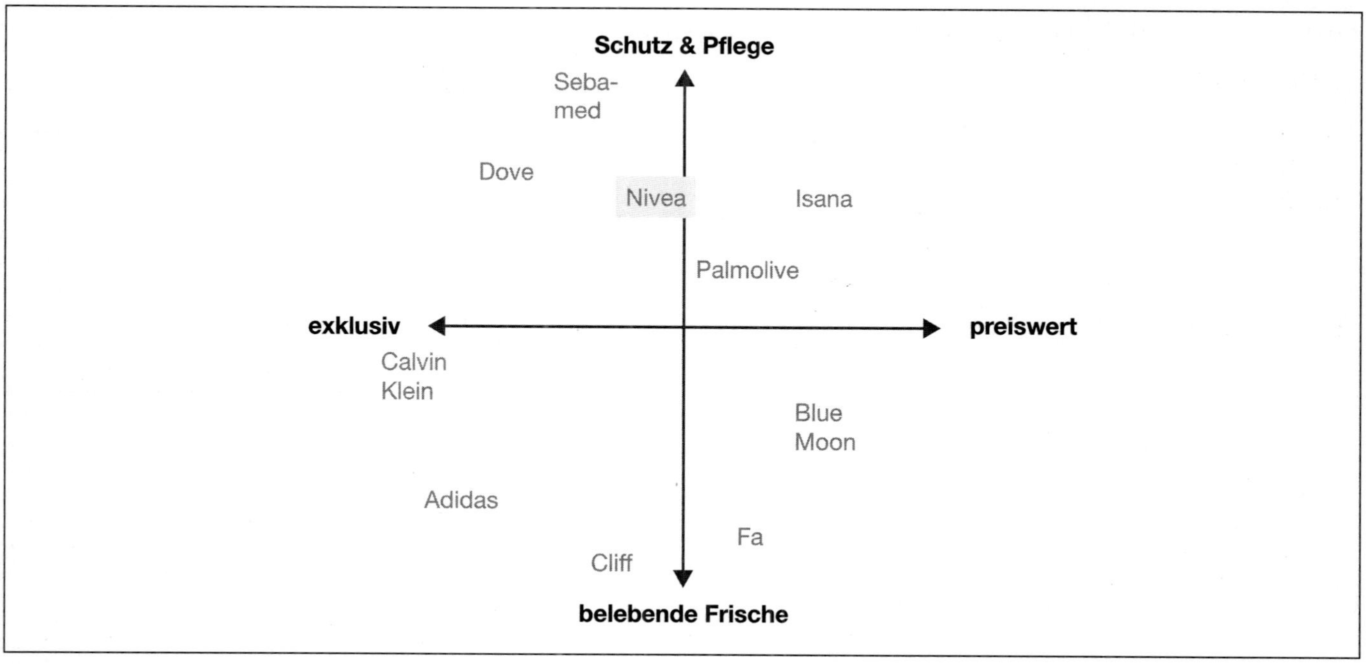

Lösung Aufgabe 5: *Segmentieren Sie den Sporttaschenmarkt, indem Sie Kundengruppen mit gleichartigen Anforderungen an eine Sporttasche zusammenfassen. Kreisen Sie diese einfach mit einem Stift ein und begründen Sie Ihr Vorgehen.*

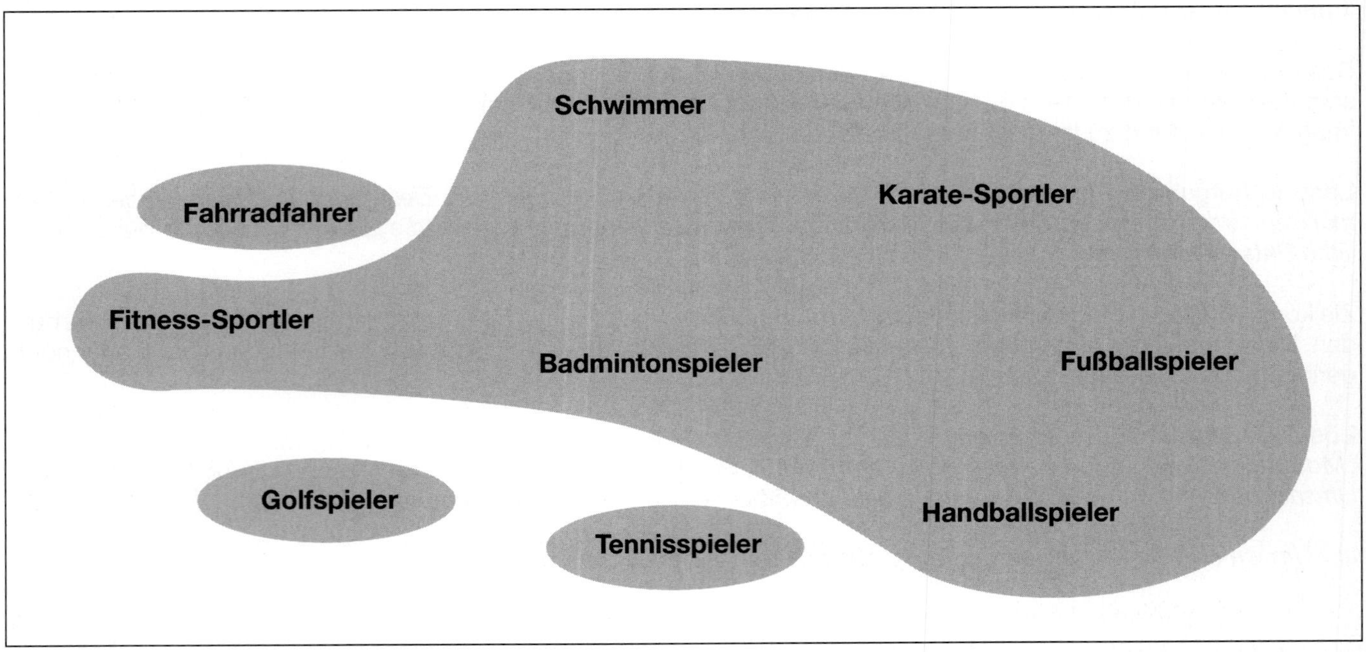

Begründung:

Grundsätzlich kann für die meisten Sportarten *eine* universelle Sporttasche entwickelt und vermarktet werden. Lediglich Fahrradtaschen, Tennistaschen sowie Taschen für Golfspieler müssen spezifisch auf ihre Zielgruppen und deren Belange zugeschnitten werden: An Fahrradtaschen und an Taschen für Golfspieler werden abweichende objektive Anforderungen gestellt, Tennisspieler hingegen legen Wert auf Abgrenzung, unter anderem durch weiße Produkte.

Lösung Aufgabe 6: *Nennen Sie Beispiele für Ihnen bekannte CRM-Strategien.*

Schülerabhängige Antworten (z. B. Bonussysteme von Tankstellen und Kaufhausketten usw.)

C Marktforschung

Verlaufsplan			
Unterrichtsschritt	**Aktions- und Sozialform**	**Schülerband S.**	**(Min.)**
Planen der Schritte einer Befragung Die Schülerinnen/Schüler planen die Schritte einer Befragung von Jugendlichen: • Zuordnen der richtigen Überschriften zu den Hauptstationen (Kästchen) einer Befragung • Einordnen der einzelnen Aktivitäten in die Hauptstationen Besprechen der Ergebnisse (Folie)	Partnerarbeit Unterichtsgespräch	25, 26 26 (als Folie)	45
Entwickeln eines Fragebogens Die Schülerinnen/Schüler entwickeln schrittweise einen Fragebogen zu vorgegebenen Befragungszielen. Die Schülerinnen/Schüler stellen ihre Fragebögen vor (Folie) und diskutieren die Plausibilität und Vereinbarkeit mit Fragetechniken und Befragungsregeln. Überarbeitung der Fragebögen	Teamarbeit Schülerpräsentation Unterrichtsgespräch Teamarbeit	27 bis 31 27 bis 31	180
Durchführung und Auswertung der Befragung Jedes Team führt nun seine eigene Befragung durch Jede(r) Schüler(in) befragt dazu etwa fünf Jugendliche (abhängig von den Ergebnissen der Marktsegmentierung, z. B. nur Mädchen/Jungen). Die Schülerinnen/Schüler werten die Ergebnisse aus und erstellen aussagefähige Diagramme. Präsentieren und Diskutieren der Ergebnisse	Teamarbeit Teamarbeit Präsentation, Unterrichtsgespräch	32 33	180
Erstellen einer Stärken-Schwächen-Analyse der Wettbewerbsprodukte Die Schülerinnen/Schüler bewerten mithilfe relevanter Bewertungskriterien (z. B. Design, Stauraum, Bequemlichkeit usw.) die aus ihrer Sicht fünf wichtigsten Wettbewerbsprodukte. Die Wettbewerbsanalyse wird im lokalen Einzelhandel und/oder dem Internet durchgeführt. Präsentieren und Diskutieren der Ergebnisse	Teamarbeit Präsentation, Unterrichtsgespräch	34, 35 34 (als Folie)	90
Ableiten von Schlussfolgerungen Die Schülerinnen/Schüler halten Schlussfolgerungen für den Marketingmix schriftlich fest.	Einzelarbeit	36	30
Bearbeiten der Vertiefungsaufgaben Besprechen der Ergebnisse	Einzelarbeit Unterrichtsgespräch	39, 40	120

Lösungen: Praxisfall „Careli GmbH“

Planen der Schritte einer Befragung

Lösung Arbeitsauftrag 1 und 2:

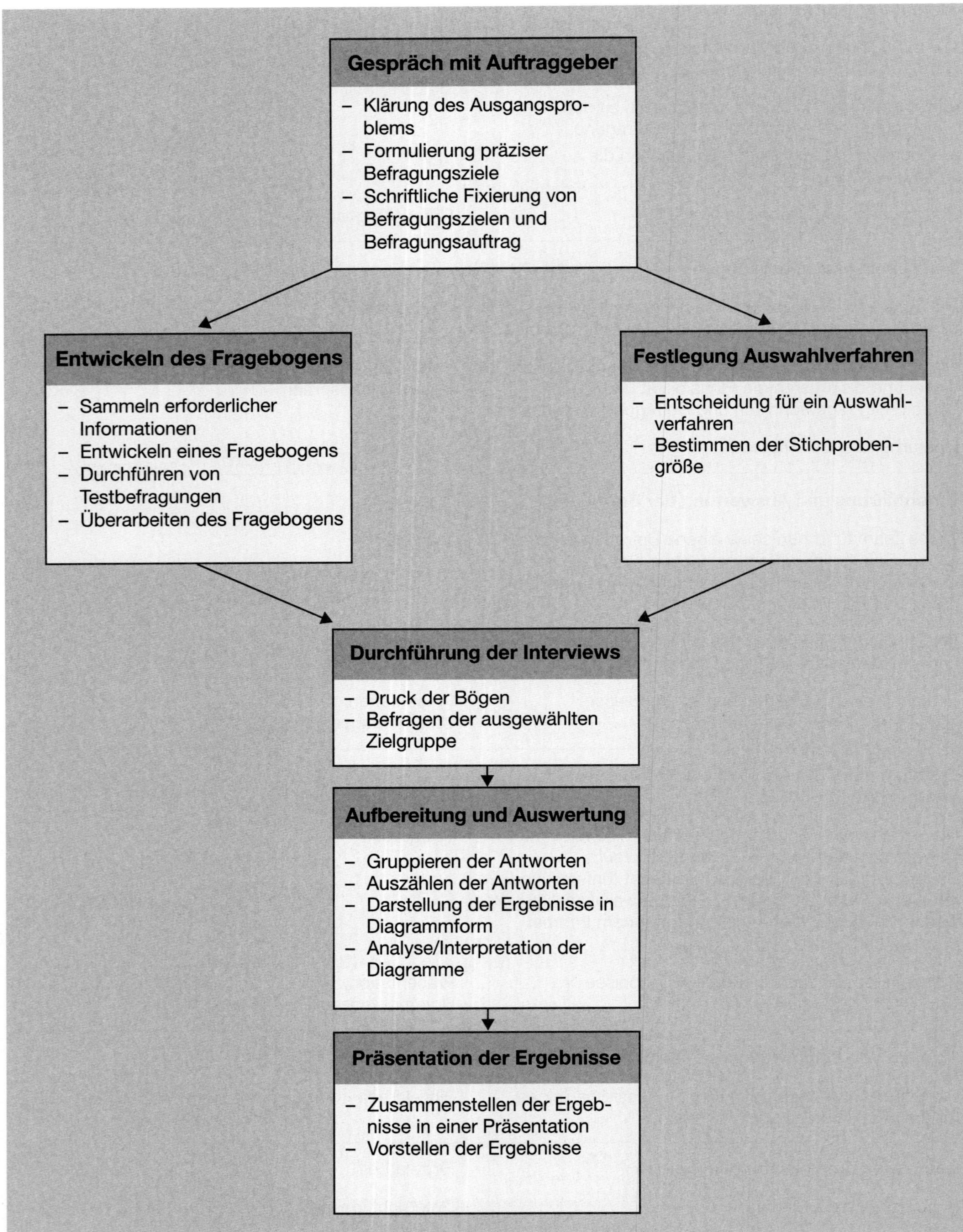

Entwickeln eines Fragebogens

Lösung Arbeitsauftrag 1: *Erstellen Sie einen sachgerechten Fragebogen unter Berücksichtigung der*

- *vorliegenden Befragungsziele,*
- *12 Regeln der Fragebogenerstellung (im nachfolgenden Infotext),*
- *Fragetechniken (Anhang).*

Teamabhängige Lösungen

Zur Beurteilung der Schülerergebnisse stellen Sie sich und den Schülern folgende Fragen:

- Werden die vier Befragungsziele durch den Fragebogen der Schüler erreicht?
- Wurden Fragetechniken und -funktionen sachgerecht eingesetzt?
- Wurden die 12 Regeln der Fragebogenerstellung beachtet?
- Ist der Fragebogen in sich schlüssig?
- Wurden die Regeln der Präsentationstechnik beachtet?

Lösungshinweise zu Arbeitsauftrag 2: *Präsentieren Sie anschließend Team für Team Ihren Fragebogenentwurf Ihren Mitschülern und nehmen Sie überzeugende Verbesserungsvorschläge auf.*

Neben der Diskussion der Lösungsaspekte aus Arbeitsauftrag 1 können an dieser Stelle auch Präsentationstechniken reflektiert werden (siehe Anhang des Schülerbandes).

Durchführen und Auswerten der Befragung

Lösung Arbeitsauftrag 1: *Überprüfen Sie mithilfe weniger Testbefragungen die Funktionstüchtigkeit Ihres Fragebogens und korrigieren Sie ggf. Ihren Bogen.*

Teamabhängige Lösung

Lösung Arbeitsauftrag 2: *Überlegen Sie mithilfe des Textes „Marktforschung kompakt" (Schülerband S. 37 f.), wie Sie eine möglichst repräsentative Auswahl der Untersuchungsobjekte erzielen können.*

Die Quotenauswahl bietet sich an:

- Geschlecht
- Alter in Jahren (16, 17, 18 ,19, 20 Jahre)
- Schulform: Hauptschule, Realschule, Gymnasium
- Stadt- und Landverteilung
- usw.

Lösung Arbeitsauftrag 3: *Kopieren Sie Ihre Fragebögen und führen Sie die Befragung bei Ihrer Zielgruppe durch. Achten Sie bei den Interviews darauf, dass Sie die Befragten nicht durch zustimmende oder ablehnende Reaktionen (Äußerungen wie „tatsächlich?", Mimik oder Körperhaltung usw.) beeinflussen.*

Hinweis: Die Schülerinnen/Schüler befragen lieber Jugendliche, die sie nicht kennen. Die Befragung sollte entsprechend organisiert werden.

Lösung Arbeitsauftrag 4: *Werten Sie die ausgefüllten Fragebögen mithilfe des folgenden Infotextes „Auswertung einer Befragung" aus. Erstellen Sie aussagefähige Diagramme und leiten Sie begründete Schlussfolgerungen für die Vermarktung des Produkts ab.*

Die Diagramme sollten kritisch auf folgende Fragen hin untersucht werden:

- Dienen alle Diagramme tatsächlich der Erreichung der Befragungsziele?
- Sind die Ergebnisse rechnerisch stimmig?
- Sind die Diagramme sachlich korrekt?
- Sind die Diagramme zweckmäßig gewählt (Balken-, Kreis-, Linien-/Kurvendiagramm)?
- Hat jedes Diagramm eine aussagefähige Überschrift?
- Sind die Diagramme unmissverständlich beschriftet (Achsen, Anteile, Linien)?
- Sind die Interpretationen schlüssig?

Lösung Arbeitsauftrag 5: *Präsentieren Sie Ihren Mitschülerinnen und Mitschülern Ihre Ergebnisse und diskutieren Sie die Qualität und den Nutzen Ihrer Ergebnisse für die Marketingabteilung.*

Neben der Diskussion der Lösungsaspekte aus Arbeitsauftrag 4 können an dieser Stelle auch Präsentationstechniken reflektiert werden (siehe Anhang des Schülerbandes).

Erstellen einer Stärken-Schwächen-Analyse der Wettbewerbsprodukte

Lösung Arbeitsauftrag: *Führen Sie dazu folgende Stärken-Schwächen-Analyse der Wettbewerbsprodukte mithilfe des nachfolgenden Infotextes (Schülerband S. 35) durch.*

Mögliche Kriterien zur Bewertung der Taschen:

- Design
- Stauraum
- Wasserdichtigkeit
- Tragekomfort
- Verarbeitung
- Taschenaufteilung

Ableiten von Schlussfolgerungen für den Marketingmix

Lösung Arbeitsauftrag: *Formulieren Sie in Stichworten die wichtigsten Schlussfolgerungen, die sich aus den Ergebnissen der Marktforschung logisch ableiten lassen.*

Abhängig von den Ergebnissen der Befragung und der Wettbewerbsanalyse halten die Schülerinnen und Schüler Schlussfolgerungen fest für die

- Produktgestaltung,
- Preisgestaltung,
- Wahl der zu beliefernden Einzelhandelsgeschäfte (Distributionswege),
- Auswahl der Medien, in denen zielgruppenspezifische Werbung geschaltet werden kann.

Lösungen: Vertiefungsaufgaben

Lösung Aufgabe 1: *Erstellen Sie in Form eines Baumdiagramms eine Übersicht mit Überschrift über folgende Begriffe: Befragung, Sekundärforschung, interne Forschung, Primärforschung, Beobachtung, externe Forschung:*

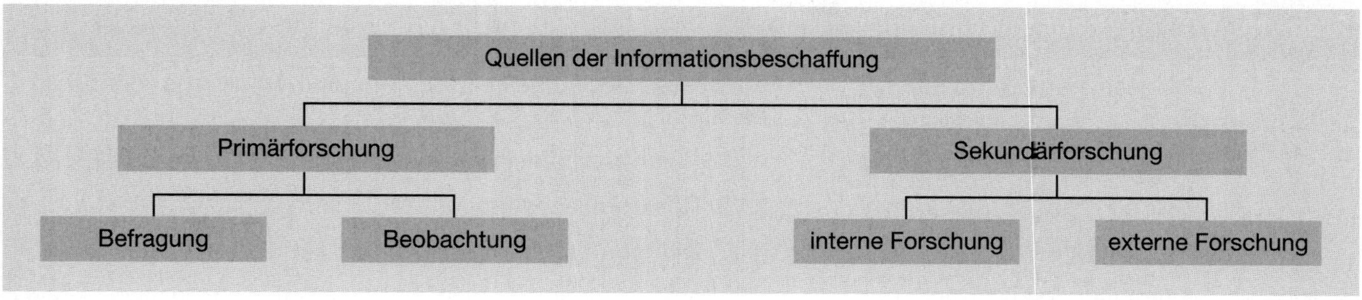

Lösung Aufgabe 2: *Entscheiden Sie sich für eine konkrete Methode der Informationsbeschaffung und begründen Sie Ihre Meinung.*

Der mittelständische Hersteller eines Duschgels möchte herausfinden,

a) in welchem Umfang private Haushalte ganz bestimmte Körperpflegeprodukte konsumieren.

Lösung: Primärforschung: Panel (Sonderform der Befragung)

b) wie sich die Kunden im Supermarkt vor dem Regal der Duschgels tatsächlich verhalten.

Lösung: primäre Marktforschung: Beobachtung

c) wie er sein Duschgel am erfolgreichsten im Regal platziert.

Lösung: primäre Marktforschung: Experiment (mit Beobachtung und/oder Befragung)

d) wie das Produkt- und Unternehmensimage bei den Endverbrauchern aussieht.

Lösung: primäre Marktforschung: Befragung

e) in welchem Umfang Neurodermitis bei Jugendlichen zugenommen hat.

Lösung: externe Sekundärforschung (Fachzeitschriften, Doktorarbeiten usw.)

f) ob der Verschluss einer Duschgelflasche tatsächlich verbraucherfreundlich konstruiert wurde.

Lösung: primäre Marktforschung: Experiment (mit Beobachtung)

g) wie sich die Umsätze mit verschiedenen Kunden entwickelt haben.

Lösung: interne Sekundärforschung: Außendienststatistiken/-berichte

Lösung Aufgabe 3: *Auf der nächsten Seite (Schülerband S. 40) finden Sie einen Fragebogen zum Stadtmarketing.*
a) Finden Sie mithilfe des Anhangs „Fragetechniken“ heraus, welche Fragetechnik bei den einzelnen Fragen zum Einsatz kommt.
b) Beurteilen Sie den Fragebogen mithilfe der 12 Regeln der Fragebogenerstellung.

Frage Nr.	Lösung zu Aufgabe a)	Lösung zu Aufgabe b)
1.	Alternativfrage (Normalform)	Die Frage kann so gestellt werden, um Kontakt zum Befragten herzustellen („Eisbrecherfrage“).
2.	Alternativfrage (Normalform)	§ 12: Demografische Fragen werden am Schluss gestellt.
3.	offene Frage (Normalform)	§ 12: Demografische Fragen werden am Schluss gestellt.
4.	offene Frage (Normalform)	§ 12: Demografische Fragen werden am Schluss gestellt.
5.	Alternativfrage (Normalform)	§ 3: Wird die Frage mit „Nein“ beantwortet, ist der weitere Verlauf des Interviews unsinnig. Hier ist eine „Filterfrage“ erforderlich.
6.	Skalafrage	---
7.	Alternativfrage (Normalform)	§ 8: Gefahr der Zustimmungstendenz
8.	Alternativfrage (Normalform)	§ 5: Der Befragte wird unnötig beeinflusst. § 11: Der Befragte könnte meinen, eine abweichende Meinung sei unerwünscht.
9.	Alternativfrage als Dialogfrage	§ 6: Keine Ausweichmöglichkeit für die Befragten, die keine der beiden Auffassungen teilen.
10.	Mehrfachauswahlfrage mit mehreren Nennungen	§ 4: Die Frage bezieht sich nicht nur auf einen Sachverhalt, es wird nach einem schnellen und günstigen Weg gefragt.
11.	offene Frage (Normalform)	---
12.	Skalafrage	§ 9: Die Antwort auf eine hypothetische, auf die Zukunft ausgerichtete Frage hat wenig Aussagekraft.
13.	offene Frage als Satzergänzungsfrage	---

Lösung Aufgabe 4: *Erstellen Sie in Form eines Baumdiagramms eine Übersicht mit Überschrift über folgende Begriffe: Vollerhebung, Zufallsauswahl, Quotenauswahl, bewusste Auswahl, einfache Zufallsauswahl, Konzentrationsauswahl, Klumpenauswahl, Teilerhebung, geschichtete Zufallsauswahl.*

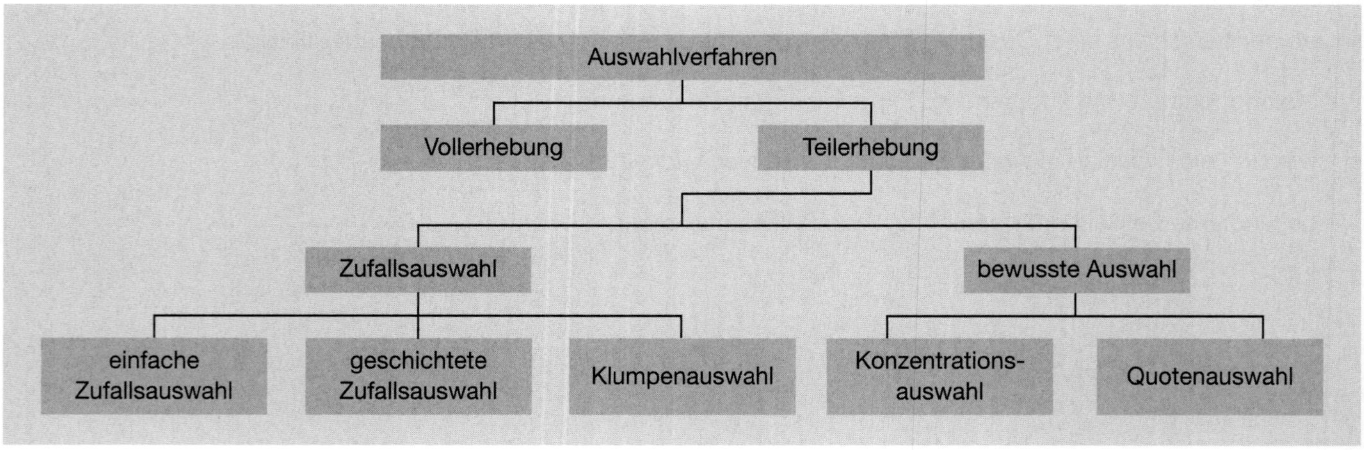

Lösung Aufgabe 5: *Ordnen Sie das zugehörige Auswahlverfahren zu:*

a) *Im Rahmen einer für Banken durchgeführten Marktforschung werden 75 Dienstleistungsunternehmen, 12 Industrieunternehmen, 7 Handwerksbetriebe sowie 5 Betriebe der Land- bzw. Forstwirtschaft und Fischerei zu Kenntnissen hinsichtlich verschiedener Finanzierungsformen befragt. In diesem Verhältnis (75:12:7:5) liegen diese Betriebe in der Realität vor.*

Lösung: Quotenauswahl

b) *Das Marktforschungsunternehmen „Demand GmbH“ ermittelt 500 deutsche Firmen mit dem Anfangsbuchstaben „M“.*

Lösung: einfache Zufallsauswahl

c) *Siemens möchte sich über die Motivation und Zufriedenheit bei seinen Mitarbeitern in den internationalen Niederlassungen informieren. Dazu werden per Los 20 Niederlassungen ausgewählt, in denen alle Mitarbeiter/-innen einen Fragebogen ausfüllen sollen.*

Lösung: Klumpenauswahl

d) *Der DIHT (Deutscher Industrie- und Handelstag) befragt alle deutschen Unternehmen zu Erfahrungen rund um die „Duale Berufsbildung“.*

Lösung: Vollerhebung

e) *Die Agentur Klepper & Patzke befragt die 20 umsatzstärksten Industrieunternehmen zum Thema „Benchmarking“.*

Lösung: Konzentrationsauswahl

f) *Im Rahmen einer Marktforschung zum Thema „Feuchtigkeitscreme“ befragt das Unternehmen „Procter & Gamble“ 500 Frauen im Alter von 30 bis 60 Jahren.*

Lösung: geschichtete Zufallsauswahl

g) *RTL führt zum Thema „Politikverdrossenheit der Deutschen“ am Montagmorgen eine Befragung in der Münchner Innenstadt durch.*

Lösung: willkürliche Auswahl (nicht repräsentativ)

h) *Beck's führt eine Mitarbeiterbefragung zum Thema „Mitarbeiterzufriedenheit“ bei all den Mitarbeitern durch, deren Personalnummer mit einer „5“ endet.*

Lösung: einfache Zufallsauswahl

Lösung Aufgabe 6: *Nehmen Sie Stellung zu der These: „Marktforschung behindert Innovationen“.*

Der These ist insofern zuzustimmen, als dass sich Marktforschung immer nur an den Kundenwünschen, die den befragten Kunden auch bewusst sind, orientieren kann. Die Befragten denken aber in der Regel an bereits bestehende Problemlösungen bzw. Produkte und lassen zunächst keine Anregungen für Innovationen erwarten. Marktforschung könnte daher innovative Trends tatsächlich behindern.

Grundsätzlich aber kann die systematische Erforschung von Kundenwünschen Impulsgeber für neue Produktideen sein. Es kann dem Unternehmen nützen, Kundenanforderungen der Kunden an die jeweiligen Produkte zu kennen. Wichtig ist nur, dass Raum für kreative Innovationen verbleibt.

D Produkt- und Programmpolitik

Verlaufsplan			
Unterrichtsschritt	**Aktions- und Sozialform**	**Schülerband S.**	**(Min.)**
Entwicklung eines Produktkonzepts Die Schülerinnen/Schüler entwickeln ein schriftliches Produktkonzept und setzen dabei die vorgestellten Kreativitätstechniken ein. Alle Ergebnisse werden als Konzept abgegeben.	Teamarbeit	41 bis 43	90
Gestalten eines Modells Die Schülerinnen/Schüler gestalten ein plastisches Modell der neuen Tasche mit Karton, Folie usw.	Teamarbeit	44	90
Verfassen eines Gutachtens zur Markierung des Produkts Die Schülerinnen/Schüler formulieren sachlich fundierte Pro- und Kontra-Argumente für eine zukünftige Markierungsstrategie von Careli.	Teamarbeit/Einzelarbeit	45, 46	45
Präsentieren und Diskutieren der Ergebnisse Jedes Team präsentiert und begründet seine Ergebnisse gegenüber der Klasse. Alle Ergebnisse werden diskutiert.	Präsentation, Unterrichtsgespräch		90
Bearbeiten von Vertiefungsaufgaben Die Schülerinnen/Schüler bearbeiten Vertiefungsarbeitsaufträge zum Thema Produktpolitik. Besprechen der Ergebnisse	Einzelarbeit Unterrichtsgespräch	50	45

Lösungen: Praxisfall „Careli GmbH“

Entwickeln eines Produktkonzepts

Schülerabhängige Lösungen

Gestalten eines Modells

Schülerabhängige Lösungen

Verfassen eines Gutachtens zur Markierung des Produkts

Lösung Arbeitsauftrag: *Verfassen Sie im Folgenden ein solches Gutachten für Careli. Überlegen Sie dazu mithilfe des nachfolgenden Infotextes die jeweiligen Pro- und Kontra-Argumente für oder gegen folgende Markenstrategien:*

- *Produktmarke als Herstellermarke*
- *Familienmarke als Herstellermarke*
- *Dachmarke als Herstellermarke*
- *Handelsmarke (soll nicht nach Produkt-, Familien- oder Dachmarke unterschieden werden).*

Ziehen Sie anschließend ein begründetes Fazit. Achten Sie darauf, dass Ihr Text als Argumentationshilfe in einer Besprechung klar strukturiert und schlüssig in der Argumentation sein muss.

Folgende Argumente sollten genannt werden:

Markenart	Pro	Kontra
Produktmarke als Herstellermarke	• Trennscharfe Abstimmung der Vermarktung auf die jeweilige Zielgruppe	o Kosten: Für jedes Produkt ist eine individuelle Vermarktung erforderlich.
	• Falls das Produkt floppt, bleibt das Image der anderen Produkte unberührt.	o Das Unternehmen bzw. die anderen Produkte profitieren nicht, falls das Produkt erfolgreich ist.
Familienmarke als Herstellermarke	• Es gelten die Vor- und Nachteile von Produkt- und Dachmarke in abgeschwächter Form (Kompromiss-Strategie).	
Dachmarke als Herstellermarke	• **Hauptargument**: Die Marke Careli ist bereits bekannt, Kontinuität ist das A & O der Markenführung. • Geringere Kosten (auch bei Internationalisierung) durch gemeinsame Vermarktung • Rasches Bekanntwerden auch zukünftiger Produkte unter bekannter Marke	• Individualisierung herausragender Produktideen ist schwierig, da die Dachmarke bereits ein Image hat. • Imageprobleme eines Produkts belasten alle Produkte. • Sofern die Marke international nicht geschützt ist, geraten alle Produkte einer Marke in Gefahr, neu markiert werden zu müssen.
Handelsmarke (als Produkt-, Familien- oder Dachmarke)	• Größere Absatzmengen sind vertraglich vereinbar.	• Careli hat keinen Einfluss mehr auf die Vermarktungsstrategie. • Careli erhöht seine Abhängigkeit vom Händler.

Für die Bewertung sollte eine **schlüssige** und **fundierte** Argumentation maßgeblich sein. Weitere Bewertungskriterien: Struktur, Ausdruck, Rechtschreibung.

Hinweis: Der Lehrer gibt bekannt, dass die Hersteller-Dachmarkenstrategie beibehalten werden soll. Ausschlaggebend für diese Entscheidung der Geschäftsführung ist das Argument der Kontinuität der Markenführung.

Lösungen: Vertiefungsaufgaben

Lösung Aufgabe 1: *Benennen Sie folgende produktpolitischen Grundsatzentscheidungen und ordnen Sie diese einer Phase des Produktlebenszyklus zu:*

	Produktpolitische Maßnahme	Phase im Produktlebenszyklus
a) Ein Motorradhersteller stellt die Produktion eines schlecht verkäuflichen Modells ein.	Produkteliminierung	Degenerationsphase
b) Ein Hersteller von Haushaltsartikeln bietet eine bewährte Kaffeemaschine fortan mit neuartigem Design an.	Produktvariation (Relaunch)	Reife-/Sättigungsphase
c) Ein PKW-Hersteller bietet sein Coupé zukünftig zusätzlich mit Ledersitzen an.	Produktdifferenzierung	Reife-/Sättigungsphase
d) Ein Getriebehersteller macht ein neuartiges Automatikgetriebe bekannt.	Produktinnovation	Einführungsphase

Lösung Aufgabe 2: *Nennen Sie für jede der folgenden sechs Kombinationsmöglichkeiten ein Beispiel.*

Schülerabhängige Antworten

Lösung Aufgabe 3: *Vergleichen Sie die Sortimente folgender Handelsgeschäfte hinsichtlich Breite und Tiefe und kreuzen Sie entsprechend an:*

Einzelhändler	Sortimentsbreite		Sortimentstiefe	
	breit	schmal	flach	tief
Kaufhaus	X			X
Tankstellen-Store		X	X	
Uhrenfachgeschäft		X		X

Lösung Aufgabe 4: *Finden Sie für jede der vier Funktionen von Produktverpackungen ein Beispiel.*

Schülerabhängige Lösung

Lösung Aufgabe 5: *Diskutieren Sie folgende These: „Da sich das Marketing bei der Produktentwicklung an der Befriedigung von Kundenbedürfnissen orientiert, leistet es einen wichtigen Beitrag zur Zufriedenheit unserer Gesellschaft.“*

Diese häufig von Marketingexperten geäußerte Ansicht (z. B. Philip Kotler) trifft einerseits zu, als dass das Marketing seine ganze Konzentration auf die Orientierung am Kunden ausrichtet. Andererseits greift diese These zu kurz, da nicht nur originäre Kundenbedürfnisse befriedigt, sondern täglich neue Bedürfnisse geweckt werden und der Erwerb von Konsumgütern systematisch mit einem hohen Sozialprestige verknüpft wird (z. B. das neueste Handy- oder PKW-Modell, die angesagte Modemarke usw.).

Aus diesem Grunde arbeiten viele Menschen unverhältnismäßig hart daran, diese Konsumgüter erwerben zu können, was nachweislich selten zu höherer Zufriedenheit führt. So wurde in diversen sozialwissenschaftlichen Untersuchungen nachgewiesen, dass es keinen Zusammenhang zwischen Einkommen und Zufriedenheit gibt, sofern die elementaren Existenzbedürfnisse befriedigt sind.

E Preis- und Konditionenpolitik

Verlaufsplan			
Unterrichtsschritt	**Aktions- und Sozialform**	**Schülerband S.**	**(Min.)**
Berechnen von Preisempfindlichkeit und Preiselastizität In einem ersten Schritt soll die Nachfrage in Abhängigkeit vom Endverbraucherpreis analysiert werden. Das geschieht in folgenden Schritten: • Zeichnen der Nachfragekurven • Ermitteln der Absatzmenge bei bestimmten Marktpreisen • Interpretieren der Preisempfindlichkeit der Nachfrage • Berechnen von Preisempfindlichkeit und Elastizität. Nach jeder Aufgabe: Besprechen der Ergebnisse	Partnerarbeit Unterrichtsgespräch	51 bis 53	90
Entwickeln einer marktorientierten Preisstrategie Die Schüler/Schülerinnen entwickeln eine nachfrage- und wettbewerbsorientierte Preisstrategie unter Berücksichtigung vorgegebener Leitaufträge. Zur Bearbeitung dieses Auftrags besuchen sie Einzelhandelsgeschäfte der Region und/oder führen eine Internetrecherche durch. Jedes Team präsentiert und begründet seine Ergebnisse mit Laptop/Beamer. Alle Ergebnisse werden diskutiert.	Teamarbeit Präsentation, Unterrichtsgespräch	54 bis 56	90
Kalkulieren des Verkaufspreises (Zuschlagskalkulation) Im Rahmen der Vollkostenrechnung sollen die Schüler/Schülerinnen • eine Zuschlagskalkulation durchführen und Selbstkosten sowie Listenpreis errechnen, • den Barverkaufspreis mithilfe einer Rückwärtskalkulation errechnen, • den Beitrag der young-line zum Betriebserfolg ermitteln, • Schlussfolgerungen für die Vollkostenrechnung ableiten. Nach jeder Aufgabe: Vergleich und Diskussion der Ergebnisse	Partnerarbeit Unterrichtsgespräch	57, 58	90
Berechnen von Deckungsbeitrag und Break-even-Point Im Rahmen der Teilkostenrechnung sollen die Schüler/Schülerinnen • Kostenbegriffe differenzieren, • verschiedene Beitragsgrößen errechnen, • die Deckungsbeitragsrechnung von der Vollkostenrechnung abgrenzen, • den Break-even-Point errechnen, • die Zweckmäßigkeit der Annahme von Zusatzaufträgen ermitteln, • die Kapazitätsgrenze als Grenze der Deckungsbeitragsrechnung erkennen. Nach jeder Aufgabe: Vergleich und Diskussion der Ergebnisse	Partnerarbeit Unterrichtsgespräch	59, 60	90
Bearbeiten der Vertiefungsaufgaben Besprechen der Ergebnisse	Einzelarbeit Unterrichtsgespräch	63	180

Lösungen: Praxisfall „Careli GmbH“

Berechnen von Preisempfindlichkeit und Preiselastizität

Lösung Arbeitsauftrag 1: *Zeichnen Sie die zugehörigen Nachfragekurven.*

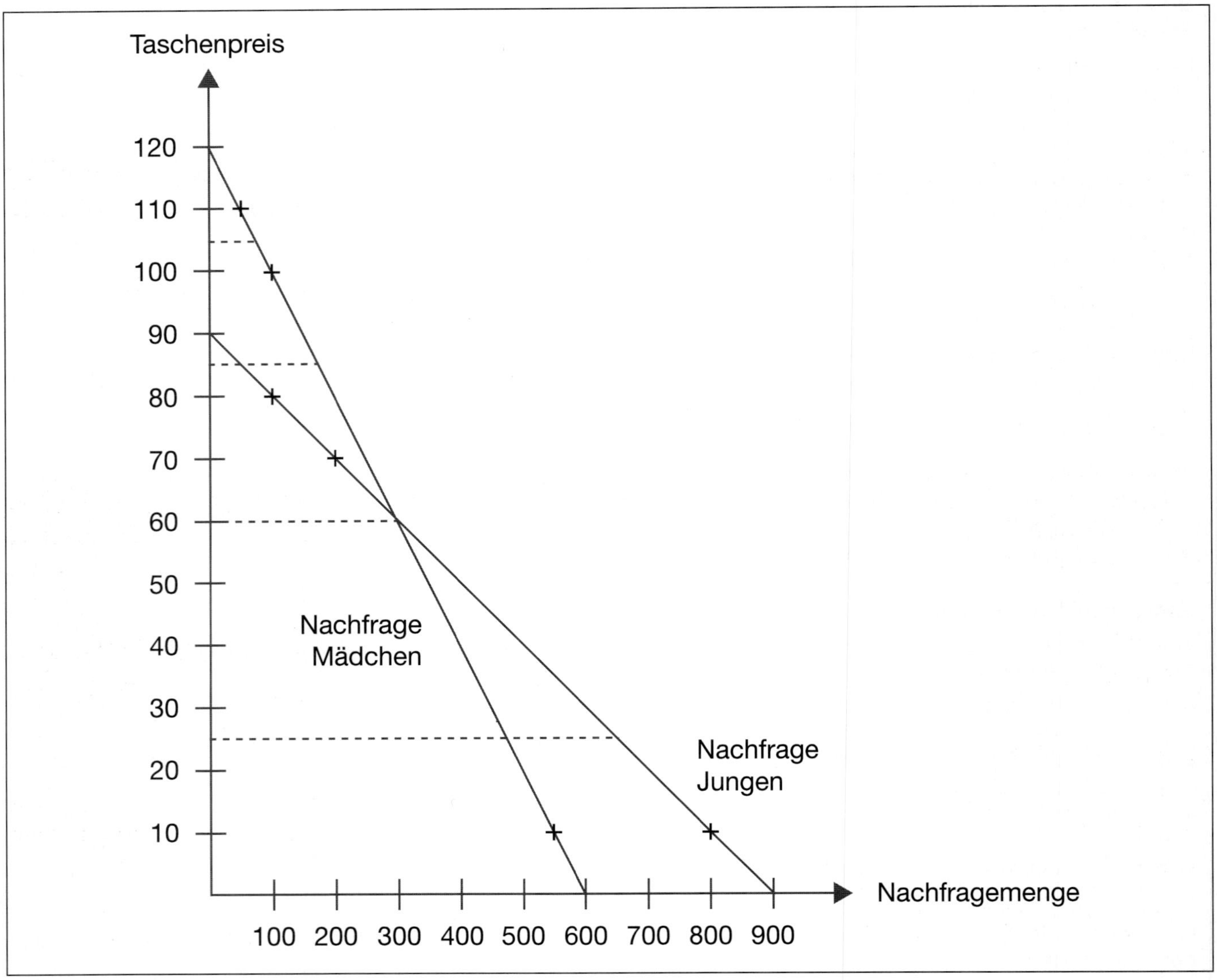

Nachfragekurven von Mädchen und Jungen

Lösung Arbeitsauftrag 2: *Wie groß wäre die jeweilige Nachfrage bei einem Taschenpreis von ...*

	Mädchen	Jungen
... 105,00 EUR	75	0
... 85,00 EUR	175	50
... 60,00 EUR	300	300
... 25,00 EUR	475	650

Lösung Arbeitsauftrag 3: *Vergleichen und interpretieren Sie das Nachfrageverhalten von Jungen und Mädchen. Wie unterscheidet sich die Preisempfindlichkeit beider Nachfragekurven?*

- Mädchen sind grundsätzlich bereit, mehr Geld für Freizeittaschen auszugeben als Jungen.
- Jungen kaufen Taschen eher, wenn sie billig sind.
- Die Nachfragekurve der Jungen ist flacher als die der Mädchen, das bedeutet: Jungen reagieren erheblich empfindlicher auf Preisänderungen als Mädchen.

Lösung Arbeitsauftrag 4: *Um herauszufinden, wie der Absatz und der Umsatz auf die Änderung von Taschenpreisen reagieren, soll einmal von einem Marktpreis von 30,00 EUR und einmal von einem Marktpreis von 70,00 EUR ausgegangen und eine Preisänderung von jeweils 10,00 EUR untersucht werden. Aus Gründen der Vereinfachung werden in dieser Aufgabe einheitliche Marktpreise unterstellt:*

a) Zielgruppe Mädchen:

Berechnungshinweise: Mithilfe der Nachfragekurven lassen sich die Absatzmengen ablesen. Es gilt:

- Elastizität = Absatzänderung (%) / Preisänderung (%)
- Umsatzänderung = (Ursprungspreis · Ursprungsmenge) – (neuer Preis · neue Menge)

Preisänderung von ... (EUR)	Preisänderung in %	Absatzänderung in Stück	Absatzänderung in %	Elastizität	Umsatzänderung (EUR)
30,00 auf 40,00	+33,33	–50 Stck.	–11,11	0,33	+2.500,00 EUR
30,00 auf 20,00	–33,33	+50 Stck.	+11,11	0,33	–3.500,00 EUR
70,00 auf 80,00	+14,29	–50 Stck.	–20	1,4	–1.500,00 EUR
70,00 auf 60,00	–14,29	+50 Stck.	+20	1,4	+500,00 EUR

b) Zielgruppe Jungen:

Preisänderung von ... (EUR)	Preisänderung in %	Absatzänderung in Stück	Absatzänderung in %	Elastizität	Umsatzänderung (EUR)
30,00 auf 40,00	+33,33	–100 Stck.	–16,67	0,5	+2.000,00 EUR
30,00 auf 20,00	–33,33	+100 Stck.	+16,67	0,5	–4.000,00 EUR
70,00 auf 80,00	+14,29	–100 Stck.	–50	3,5	–6.000,00 EUR
70,00 auf 60,00	–14,29	+100 Stck.	+50	3,5	+4.000,00 EUR

c) Interpretieren Sie die Ergebnisse.

- Bei einer Preisänderung von 10,00 EUR ändert sich der Absatz bei den Mädchen stets um 50 Stück, bei den Jungen hingegen um 100 Stück, da die Jungen empfindlicher auf Preisveränderungen von Taschen reagieren als Mädchen. Die Werte sind jeweils konstant, da es sich um lineare Nachfragekurven handelt.

  Die Elastizität ist hingegen abhängig von dem Bereich auf der Kurve:
  - Bei einer Änderung im unteren Bereich der Kurve (30 auf 20 bzw. 30 auf 40 EUR) ist die Elastizität kleiner eins (e < 1), d. h.,
    - eine **Preissteigerung** führt zur **Umsatzsteigerung,**
    - eine **Preissenkung** führt zu **Umsatzeinbußen.**
  - Bei einer Änderung im oberen Bereich der Kurve (70 auf 60 bzw. 70 auf 80 EUR) ist die Elastizität auf beiden Kurven größer eins (e > 1), d. h.,
    - eine **Preissteigerung** führt zu **Umsatzeinbußen,**
    - eine **Preissenkung** führt zu einer **Umsatzsteigerung.**

Hinweis für Lehrer/-innen: In Praxis und Theorie wird die Preisempfindlichkeit der Nachfrage oft ebenfalls als „Nachfrageelastizität“ bezeichnet. Das kann bei genauer Betrachtung von Nachfrageeffekten zu Widersprüchen führen: So kann der obere Bereich einer steilen Kurve mathematisch elastischer sein als der untere Bereich einer flachen Kurve.

Entwickeln einer marktorientierten Preisstrategie

Lösung Arbeitsauftrag: *Erstellen Sie für die Leitung der Marketingabteilung eine kurze Überzeugungspräsentation, in der Sie einen konkreten Endverbraucherpreis herleiten und begründen. Arbeiten Sie dazu mithilfe des nachfolgenden Infotextes („Marktorientierte Preisstrategien“) Antworten auf unten aufgeführte Leitfragen heraus. Begründen Sie jeweils Ihre Meinung. Die Kosten der Produktion sollen an dieser Stelle noch unberücksichtigt bleiben.*

Je anschaulicher Sie Ihre Aussagen darstellen, desto größer ist Ihre Überzeugungskraft! Beachten Sie deshalb auch die Hinweise zur Gestaltung einer Präsentation im Anhang.

Die Schüler/-innen erstellen in Gruppen Präsentationen und tragen sie vor. Dabei lassen sich neben der inhaltlichen Plausibilität folgende Kriterien zur Bewertung der Präsentationstechnik anwenden:

a) Inhalt
- Einleitung (Thema, Aufbau der Präsentation)
- vollständige Beantwortung aller Fragen laut Arbeitsauftrag
- Plausibiliät der Argumentation
- inhaltliche Tiefe/Rechercheaufwand
- Abschluss und Moderation von Zuschauerfragen

b) Präsentationsmaterialien

Vier Verständlichmacher:
- Einfachheit (verständliche Wortwahl und Folienbeschriftung/einfache Grafiken)
- Ordnung (Struktur der gesamten Präsentation sowie jeder einzelnen Folie)
- Prägnanz (auf den Punkt gebracht, keine Vertiefung unwesentlicher Details)
- Stimulanz (anschauliche Visualisierungen von Zusammenhängen)

Diese eher abstrakten Zusammenhänge sollten anschaulich visualisiert werden. Beispiele:
- Darstellung von Nachfragekurven
- Darstellung von Diagrammen (Ergebnisse der eigenen Marktforschung)
- preisliche Positionierung von Wettbewerbern auf einer Skala
- psychologische Wirkung konkreter Preisbeispiel, etwa 59,80 EUR statt 61,00 EUR.

c) Auftreten
- Blickkontakt zum Publikum
- Gestik
- Mimik

d) Sprache
- freies Sprechen
- Sprechtempo
- Verständlichkeit
- Ausdruck

Kalkulieren des Verkaufspreises mit einer Zuschlagskalkulation

Lösung Arbeitsauftrag 1: *Führen Sie mithilfe des folgenden Infotextes eine Zuschlagskalkulation durch und errechnen Sie den Listenverkaufspreis für Ihr neues Produkt. Pro Stück liegen folgende Angaben vor: Fertigungsmaterial: 4,50 EUR, Fertigungslöhne: 7,67 EUR*

	Zuschlagskalkulation		
	%-Satz		EUR
		Fertigungsmaterial	4,50
+	10 %	Materialgemeinkosten	0,45
=		**Materialkosten**	4,95
		Fertigungslöhne	7,67
+	90 %	Fertigungsgemeinkosten	6,90
=		**Fertigungskosten**	14,57
=		**Herstellkosten**	19,52
+	12 %	Verwaltungsgemeinkosten	2,34
+	5 %	Vertriebsgemeinkosten	0,98
=		**Selbstkosten**	22,84
+	15 %	**Gewinn**	3,43
=		**Barverkaufspreis**	26,27
+	2 %	**Kundenskonto**	0,54
=		**Zielverkaufspreis**	26,81
+	20 %	**Kundenrabatt**	6,70
=		**Listenverkaufspreis**	33,51

Lösung Arbeitsauftrag 2: *Der Handel ist bereit, einen Listenverkaufspreis von maximal 27,00 EUR zu akzeptieren.*

a) *Ermitteln Sie (unter Beibehaltung der Konditionen) mithilfe einer Rückwärtskalkulation den entsprechenden Barverkaufspreis für die Tasche.*

Die Rückwärtskalkulation ergibt einen Barverkaufspreis von 21,17 EUR; Berechnung „im Hundert“:

Barverkaufspreis	**21,17 EUR**
Kundenskonto	0,43 EUR
Zielverkaufspreis	21,60 EUR
Kundenrabatt	5,40 EUR
Listenverkaufspreis	27,00 EUR

b) *Ermitteln Sie für eine Absatzmenge von 40.000 Stück den Beitrag der Tasche zum gesamten Betriebserfolg (Gewinn/Verlust). Legen Sie als Erlös den Barverkaufspreis aus Aufgabe a) zugrunde.*

Barverkaufspreis 21,17 EUR
– Selbstkosten 22,84 EUR
= Verlust (pro Stück) –1,67 EUR · 40.000 Stück = – 66.800,00 EUR

Die Produktgruppe „young-line“ würde das gesamte Betriebsergebnis um 66.800,00 EUR schmälern.

c) *Welche Schlussfolgerung wäre im Rahmen der Vollkostenrechnung zu ziehen? (Begründung)*

Im Rahmen der Vollkostenrechnung würde man sich gegen das Produkt entscheiden, da der Barverkaufspreis bereits unterhalb der Selbstkosten und damit unterhalb der langfristigen Preisuntergrenze liegt. Das Produkt erwirtschaftet einen Verlust.

Berechnen von Deckungsbeitrag und Break-even-Point

Lösung Arbeitsauftrag 1: *Prüfen Sie, ob Sie das Verhältnis von fixen zu variablen Kosten der Zuschlagskalkulation entnehmen können.*

Es ist nicht möglich, der Zuschlagskalkulation zu entnehmen, welche Kostenanteile fix und welche variabel sind, denn die Gemeinkosten, die in der Zuschlagskalkulation ausgewiesen werden, können sich aus fixen und variablen Kosten zusammensetzen.

Lösung Arbeitsauftrag 2: *Errechnen Sie nachfolgende Deckungsbeitragsgrößen unter der Annahme, dass Careli einen Listenverkaufspreis von 27,00 EUR kalkuliert und der Handel alle Rabatte und Skonti in Anspruch nimmt. Die variablen Kosten betragen 15,79 EUR je Tasche.*

a) *Stückdeckungsbeitrag (db) in EUR*

Barpreis (reale Erlösgröße)	21,17 EUR (siehe Ergebnis zu 2 a) auf Seite 33)
– variable Kosten	15,79 EUR
= Stückdeckungsbeitrag (db)	5,38 EUR

b) *Stückdeckungsbeitrag (db) in Prozent*

(5,38 / 21,17) · 100 = 25,41 %

c) *Gesamter Deckungsbeitrag (DB) bei einer erwarteten Absatzmenge von 40.000 Stück*

5,38 EUR · 40.000 Stück = 215.200 EUR Gesamtdeckungsbeitrag (DB) zur Deckung fixer Kosten.

Lösung Arbeitsauftrag 3: *Welche Empfehlung wäre aus Sicht der Deckungsbeitragsrechnung auszusprechen? Interpretieren Sie Abweichungen der Ergebnisse gegenüber der Vollkostenrechnung.*

Während die Vollkostenrechnung langfristig ausgelegt ist und alle Kosten berücksichtigt, lässt die kurzfristig ausgelegte Deckungsbeitragsrechnung die Fixkosten außer Acht. Das ist aber nur möglich, sofern freie Produktionskapazitäten vorhanden sind. Ist das der Fall und sind die Deckungsbeiträge positiv, so sollte die Produktion aufgenommen werden, denn jedes verkaufte Stück liefert seinen Beitrag zur Deckung fixer Kosten bzw. zum Gewinn.

Lösung Arbeitsauftrag 4: *Neben den erwarteten 40.000 Stück Absatz könnten weitere 20.000 Taschen an einen lettischen Importeur zu einem Barverkaufspreis von maximal 16,50 EUR veräußert werden. Wie hoch würde der damit verbundene zusätzliche Deckungsbeitrag ausfallen und was bedeutet das für Careli?*

(16,50 EUR - 15,79 EUR) · 20.000 Stück = 0,71 EUR · 20.000 Stück = 14.200 EUR DB.
Da noch Produktionskapazitäten zur Verfügung stehen, sollte der Auftrag angenommen werden.

Lösung Arbeitsauftrag 5: *Wie wäre das Angebot aus 4 zu beurteilen, wenn der lettische Kunde auf einer Mindestabnahme von 30.000 Stück bestanden hätte?*

Bei 30.000 Stück würde die Kapazitätsgrenze von 65.000 Taschen überschritten, es müssten neue Produktionskapazitäten beschafft werden. Dadurch würden neue Fixkosten entstehen, ohne dass entsprechende Aufträge vorhanden sind. Der Auftrag sollte abgelehnt werden.

Lösung Arbeitsauftrag 6: *Für den Fall, dass für die Produktion der Schultasche keine freien Maschinenkapazitäten zur Verfügung stehen, würden für die Anschaffung neuer Maschinen Fixkosten in Höhe von 281.600,00 EUR anfallen. Ermitteln Sie rechnerisch den Break-even-Point und interpretieren Sie das Ergebnis.*

Gewinnschwellenmenge = fixe Kosten / db = 281.600 / 5,38 = 52.342 Stück

Ab einer verkauften Stückzahl von 52.342 Stück kommt die young-line in die Gewinnzone, dann sind alle Fixkosten gedeckt. Jedes weitere verkaufte Stück erwirtschaftet einen Gewinn in Höhe des Deckungsbeitrags.

Lösungen: Vertiefungsaufgaben

Lösung Aufgabe 1: *Analysieren Sie die Nachfrage nach amerikanischen Trekking-Bikes in Schwäbisch Hall.*

a) *Stellen Sie in einem ersten Schritt die Nachfragekurve grafisch dar:*

Preis in EUR	1.000	900	800	700	600	500	400	300	200	100
Nachfrage	0	5	10	15	20	25	30	35	40	45

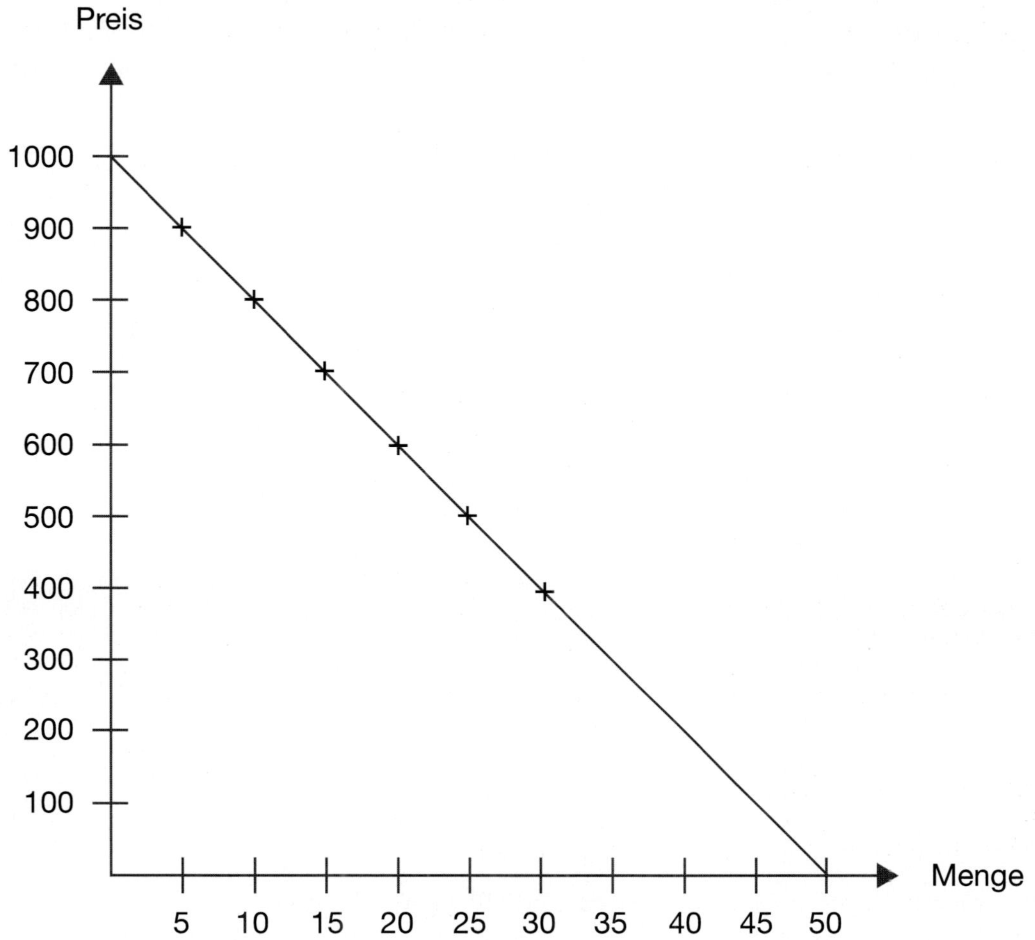

b) *Untersuchen Sie folgende Nachfrageeffekte bei Änderungen dieser Marktpreise. Annahme: Es gibt nur einen Anbieter am Ort.*

Preisänderung von ... (EUR)	Preisänderung in %	Absatzänderung in Stück	Absatzänderung in %	Elastizität	Umsatzänderung (EUR)
200,00 auf 300,00	+50	–5	–12,5 %	0,25	+2.500,00
200,00 auf 100,00	–50	+5	+12,5 %	0,25	–3.500,00
800,00 auf 900,00	+12,5	–5	–50 %	4	–3.500,00
800,00 auf 700,00	–12,5	+5	+50 %	4	+2.500,00

Die Umsätze können durch einfache Multiplikation der Preis- und Nachfragewerte aus der Wertetabelle ermittelt werden.

c) *Welche Schlussfolgerung können die Anbieter von Trekking-Bikes aus Schwäbisch Hall ziehen?*

Bei einem Angebotspreis von 200,00 EUR führt eine Preiserhöhung zu einem Umsatzzuwachs, bei einem Preis von 800,00 EUR führt hingegen eine Preissenkung zu einem Umsatzzuwachs.

Lösung Aufgabe 2: *Nennen Sie Beispiele aus Ihrer Erfahrung zum Einsatz von folgenden Preisstrategien:*

Hochpreisstrategien	z. B. Gucchi, Boss, Porsche usw.
Niedrigpreisstrategien	z. B. H & M, Tchibo usw.
Skimmingstrategien	z. B. Handys, Laptops
Penetrationspreisstrategien	Fernsehzeitschriften, Telefontarife

Lösung Aufgabe 3: *Die Trelle KG aus Berlin produziert neuartige Elektromotoren für Teleskopantennen. Bestimmen Sie die Listenpreise mithilfe einer Zuschlagskalkulation.*

	Elektromotor Typ A	Elektromotor Typ B
Fertigungsmaterial/Stck.	24,00 EUR	33,00 EUR
Fertigungslöhne/Stck.	6,00 EUR	7,00 EUR
Materialgemeinkosten	15 %	18 %
Fertigungsgemeinkosten	75 %	105 %
Verwaltungsgemeinkosten	30 %	
Vertriebsgemeinkosten	15 %	
Gewinnzuschlag	12 %	
Kundenskonto	3 %	
Kundenrabatt	25 %	

Zuschlagskalkulation Motor A			
	%-Satz		EUR
		Fertigungsmaterial	24,00
+	15 %	Materialgemeinkosten	3,60
=		**Materialkosten**	27,60
		Fertigungslöhne	6,00
+	75 %	Fertigungsgemeinkosten	4,50
=		**Fertigungskosten**	10,50
=		**Herstellkosten**	38,10
+	30 %	Verwaltungsgemeinkosten	11,43
+	15 %	Vertriebsgemeinkosten	5,72
=		**Selbstkosten**	55,25
+	12 %	Gewinn	6,63
=		**Barverkaufspreis**	61,88
+	3 %	Kundenskonto	1,91
=		**Zielverkaufspreis**	63,79
+	25 %	Kundenrabatt	21,26
=		**Listenverkaufspreis**	85,05

Zuschlagskalkulation Motor B			
	%-Satz		EUR
		Fertigungsmaterial	33,00
+	18 %	Materialgemeinkosten	5,94
=		**Materialkosten**	38,94
		Fertigungslöhne	7,00
+	105 %	Fertigungsgemeinkosten	7,35
=		**Fertigungskosten**	14,35
=		**Herstellkosten**	53,29
+	30 %	Verwaltungsgemeinkosten	15,99
+	15 %	Vertriebsgemeinkosten	7,99
=		**Selbstkosten**	77,27
+	12 %	Gewinn	9,27
=		**Barverkaufspreis**	86,54
+	3 %	Kundenskonto	2,68
=		**Zielverkaufspreis**	89,22
+	25 %	Kundenrabatt	29,74
=		**Listenverkaufspreis**	118,96

Lösung Aufgabe 4: *Die Chrome GmbH ist ein Zulieferbetrieb der Automobilindustrie und hat sich auf die Produktion eines Steuerungsmoduls (Verkaufspreis: 520,00 EUR) spezialisiert. Die monatliche Produktionskapazität beträgt maximal 500 Stück, die monatlichen Fixkosten belaufen sich auf 81.000,00 EUR, die variablen Kosten betragen 340,00 EUR.*

a) Bei welcher monatlichen Produktionsmenge würde der Break-even-Point erreicht?

Stückdeckungsbeitrag = 520,00 – 340,00 = 180,00 EUR

BEP = Fixkosten / Stückdeckungsbeitrag = 81.000,00 / 180,00 = 450 Stück

b) Ermitteln Sie den Prozentsatz der Kapazitätsauslastung bei Erreichen der Gewinnschwelle.

(500 / 450) · 100 = 90 % Kapazitätsauslastung

c) Wie hoch wäre der Gewinn bei voller Kapazitätsauslastung und Verkauf aller Module?

500 · 520 – (81.000,00 + (500 · 340,00)) = 260.000 – 251.000 = 9.000,00 EUR

Lösung Aufgabe 5: *Überlegen Sie, welche Kostengrößen aus der Voll- und Teilkostenrechnung als langfristige und welche als kurzfristige Preisuntergrenzen herangezogen werden können und begründen Sie Ihre Meinung.*

- Langfristige Preisuntergrenze: Selbstkosten aus der Vollkostenrechnung. Zwar erwirtschaftet das Unternehmen keinen Gewinn, jedoch sind alle Kosten langfristig gedeckt.

- Kurzfristige Preisuntergrenze: Deckungsbeitrag. Alle variablen Kosten sind gedeckt, solange das Unternehmen über freie Produktionskapazitäten verfügt. Langfristig jedoch müssen Produktionskapazitäten ersetzt werden (Ersatzinvestitionen), welche nicht durch den Deckungsbeitrag abgedeckt sind.

F Distributionspolitik

Verlaufsplan			
Unterrichtsschritt	**Aktions- und Sozialform**	**Schülerband S.**	**(Min.)**
Visualisieren des Vertriebssystems der Careli GmbH Die Schüler/Schülerinnen stellen das Vertriebssystem der Careli GmbH unter Einbeziehung verschiedener Absatzorgane in einer Grafik dar. Vergleich der Ergebnisse (Tafel)	Partnerarbeit Präsentation Unterrichtsgespräch	64, 69	45
Ermitteln der günstigeren Alternative: Reisender oder Handelsvertreter? Die Schüler/Schülerinnen ermitteln grafisch und rechnerisch den kritischen Umsatz, ab dem der Wechsel vom Reisenden zum Handelsvertreter lohnt. Vergleich der Ergebnisse	Partnerarbeit Unterrichtsgespräch	65	45
Diskutieren des Vertriebswegs „FOC“ Die Schüler/Schülerinnen lesen den Zeitungsartikel: „Soltau, was nun?“	Einzelarbeit	66, 67	
Die Klasse wird in sechs Kleingruppen aufgeteilt und erhält ihre spezifische Rollenkarte vom Lehrer (Lehrerband S. 41). Die Gruppen bereiten sich 30 Minuten auf ihre Rolle vor und entsenden einen Rollenspieler für die Podiumsdiskussion.	Gruppenarbeit	S. 41 im Lehrband	
Die Podiumsdiskussion wird von den sechs Interessenvertretern im Halbkreis vor der Klasse (mit Tischen und Namensschild) durchgeführt, die Mitschüler/-innen dokumentieren ihre Eindrücke im Beobachtungsauftrag.	Rollenspiel	66	90
Anschließend wird die Diskussion im gemeinsamen Unterrichtsgespräch mithilfe der ausgefüllten Beobachtungsaufträge reflektiert.	Unterrichtsgespräch	66	
Entwickeln und Publizieren eines B2B-Webshops Die Schüler/Schülerinnen installieren im EDV-Raum oder als Hausaufgabe das Programm „Smartstore“, richten selbstständig einen B2B-Webshop ein und veröffentlichen ihn anschließend unter einer selbstgewählten kostenlosen Domain (z. B. www.ihrname.de.vu). Die erforderlichen Dateien (Produktfotos, AGB) sollen die Schüler/Schülerinnen selbst mithilfe des Internet erstellen („Dummies“). Die Ergebnisse werden per Beamer präsentiert und diskutiert.	Teamarbeit Präsentation und Unterrichtsgespräch	68, beiliegende CD mit der Software „Smartstore“	180
Bearbeiten der Vertiefungsaufgaben Besprechen der Ergebnisse	Einzelarbeit Unterrichtsgespräch	71	90

Lösungen: Praxisfall „Careli GmbH“

Visualisieren des Vertriebssystems der Careli GmbH

Beispiellösung zum Arbeitsauftrag: *Für eine Beamer-Präsentation der Geschäftsführung soll das Vertriebssystem von Careli auf einer einzigen Folie grafisch dargestellt werden. Diese Grafik soll differenziert veranschaulichen,*

- *über welche Vertriebswege die Produkte von Careli zum Endverbraucher gelangen,*
- *welche Vertriebsorgane jeweils beteiligt sind,*
- *inwiefern sich die Vertriebswege international unterscheiden,*
- *dass es unternehmenseigene Absatzorgane und rechtlich selbstständige Absatzorgane gibt.*

Stellen Sie mithilfe des Textes „Distributionspolitik kompakt“ (Schülerband S. 69) das Vertriebssystem von Careli in einer Skizze dar, die als Vorlage für die spätere Folie dienen soll. Verwenden Sie einen Bleistift, um Ihr Ergebnis korrigieren zu können.

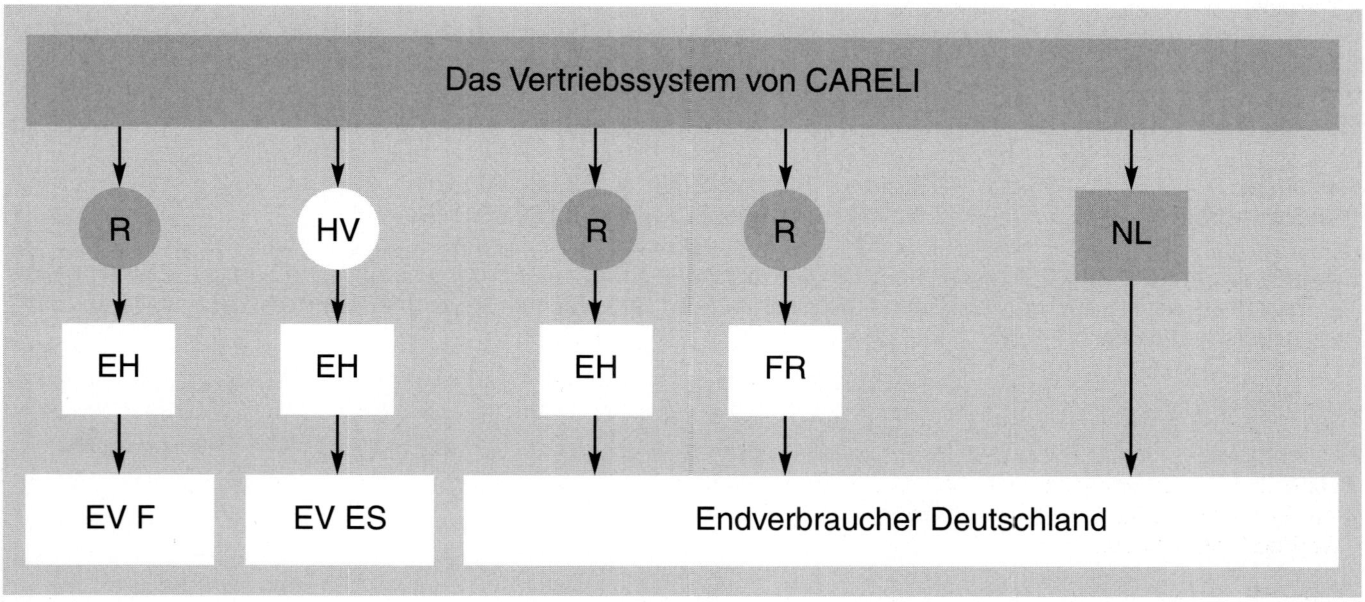

Ermitteln der günstigeren Alternative: Reisender oder Handelsvertreter?

Lösung Arbeitsauftrag 1: *Errechnen Sie den Gesamtumsatz für Spanien, den Careli im folgenden Geschäftsjahr erwartet.*

Produktlinie	Umsatz im laufenden Jahr	erwartetes Umsatzwachstum im Folgejahr	erwarteter Umsatz im Folgejahr
business	350.000,00 EUR	+10 %	**385.000,00 EUR**
traveller	170.000,00 EUR	+5 %	**178.500,00 EUR**
female	400.000,00 EUR	+15 %	**460.000,00 EUR**
outdoor	80.000,00 EUR	–12,5 %	**70.000,00 EUR**
young-line	—	—	**52.500,00 EUR**
Summen:	**1.000.000,00 EUR**	—	**1.146.000,00 EUR**

Lösung Arbeitsauftrag 2: *Wie hoch wären die erwarteten minimalen Vertriebskosten im Folgejahr?*

Bei einem Jahresumsatz von 1,146 Mio. EUR verursacht der Reisende weniger Kosten:

Reisender:	36.000 + 2 % von 1,146 Mio. EUR	=	58.920,00 EUR
Handelsvertreter:	7 % von 1,146 Mio. EUR	=	80.220,00 EUR

Lösung Arbeitsauftrag 3: *Stellen Sie in folgender Grafik schematisch dar, wie sich die Vertriebskosten beider Vertriebswege entwickeln würden. Gehen Sie dazu von der vereinfachten Annahme aus, dass keine weiteren Lohnnebenkosten entstehen:*

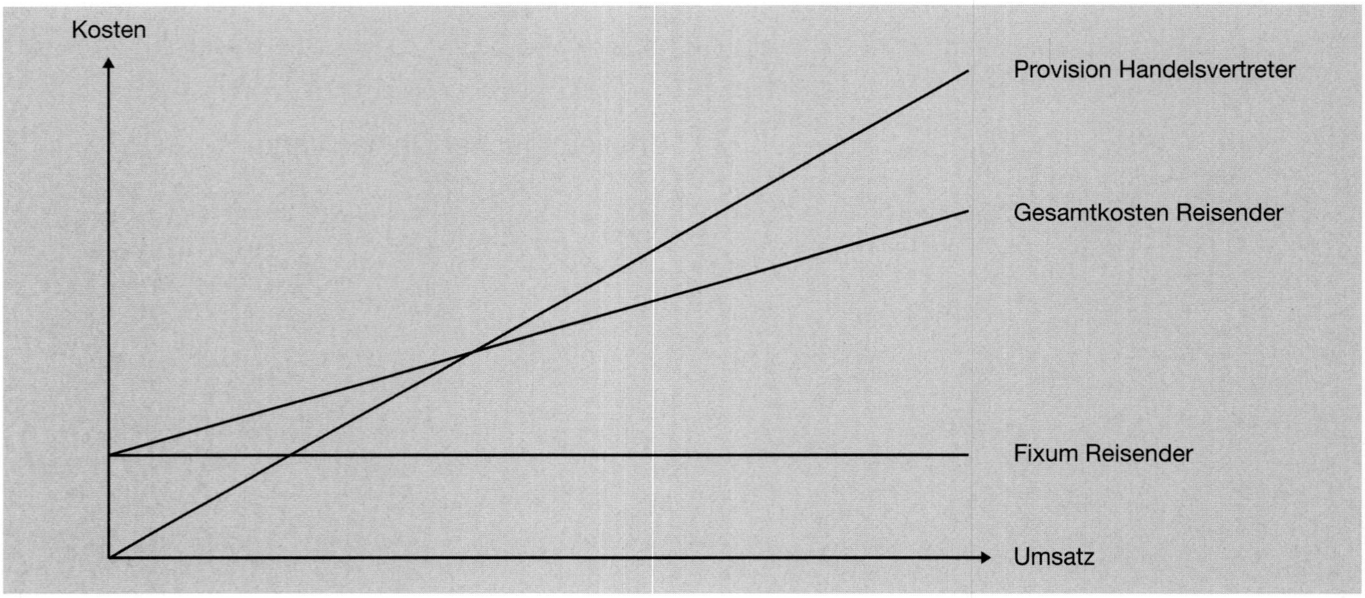

Lösung Arbeitsauftrag 4: *Ermitteln Sie mathematisch, ab welchem Jahresumsatz der Reisende weniger Kosten verursacht als der Handelsvertreter.*

Der Reisende erhält ein monatliches Fixum von 3.000,00 EUR, das entspricht einem jährlichem Fixum von 36.000,00 EUR. Gesucht wird der Umsatz, bei dem die Kosten des Reisenden und des Handelsvertreters identisch sind:

$$36.000 + 2\,\% \cdot X = 7\,\% \cdot X$$

$$36.000 = 5\,\% \cdot X$$

$$7.200 = X / 100$$

$$720.000 = X$$

Ab einem Jahresumsatz von 720.000,00 EUR verursacht der Handelsvertreter mehr Kosten als der Reisende.

Diskutieren des Vertriebswegs „Factory-Outlet-Center“ (Rollenkarten)

Kopiervorlage:

Rollenkarte: Herr Hanisch, Geschäftsführer der Careli GmbH

Sie sind eingeladen als Stellvertreter der im FOC vertretenen Industriebetriebe. Sie vermuten in der Region ein großes Marktpotenzial und wollen diesen Vertriebsweg für Ihr Unternehmen unbedingt nutzen.

Suchen Sie geeignete Argumente **für das FOC**, die Sie auf der Podiumsdiskussion offensiv vertreten können.

Rollenkarte: Herr Winkler, Einzelhändler aus Soltau (Innenstadt)

Sie sind eingeladen als Wortführer der Werbegemeinschaft Soltau, in der alle Einzelhändler der Innenstadt vertreten sind. Mit viel Engagement und Energie versuchen Sie seit Jahren, den Einzelhandel in der Innenstadt von Soltau im harten Wettbewerb zu erhalten. Sie wollen die Errichtung des neuen FOCs unbedingt verhindern.

Suchen Sie geeignete Argumente **gegen das FOC**, die Sie auf der Podiumsdiskussion offensiv vertreten können.

Rollenkarte: Frau Wolf, Endverbraucherin aus Soltau

Sie sind eingeladen als Endverbraucherin aus Soltau. Sie sind mit den Einkaufsbedingungen in Ihrer Kleinstadt nicht zufrieden und fahren für Ihre Einkäufe regelmäßig nach Bremen oder Hamburg.

Suchen Sie geeignete Argumente **für das FOCs**, die Sie auf der Podiumsdiskussion offensiv vertreten können.

Rollenkarte: Herr Haase, OKD und Mitglied des Kreistages

Als Oberkreisdirektor und Kommunalpolitiker sehen Sie großen Handlungsbedarf, um die wirtschaftliche Situation der Region zu verbessern, denn seit Jahren verliert der Einzelhandel Kunden an die benachbarten Metropolen und die Arbeitslosigkeit in mehreren Berufsfeldern nimmt stetig zu. Das FOC ist aus Ihrer Sicht eine Chance für alle Beteiligten. Allerdings wollen Sie auch wiedergewählt werden und müssen daher auch andere Interessen berücksichtigen.

Suchen Sie geeignete Argumente **für das FOC**, die Sie auf der Podiumsdiskussion offensiv vertreten können. Versuchen Sie dabei, die Gegner des FOC für Kompromisslösungen zu gewinnen.

Rollenkarte: Frau Gabbert, Mitarbeiterin des Bund für Umwelt und Naturschutz

Sie sind Anwohnerin des geplanten FOC-Geländes und damit unmittelbar betroffen. Sie machen sich Sorgen um Mensch und Natur und sind aus diesem Grunde aktiv im Bund für Umwelt und Naturschutz. Sie sehen erhebliche Nachteile und Gefahren auf alle Beteiligten zukommen und wollen den Bau des FOCs unbedingt verhindern.

Suchen Sie geeignete Argumente **gegen das FOC**, die Sie auf der Podiumsdiskussion offensiv vertreten können.

Rollenkarte: Frau Bertram, Moderatorin

Sie sind als Moderatorin eingeladen. Als Moderatorin sind Sie neutral und sollen möglichst viele sachliche Argumente der verschiedenen Interessengruppen herausarbeiten. Ihre Aufgabe ist es, einen roten Faden in die Diskussion zu bringen und eine sachliche und faire Atmosphäre zu schaffen. Dazu sollen alle Meinungen zu Wort kommen und angemessene Redezeiten eingehalten werden.

Versuchen Sie, ein für alle nachvollziehbares Fazit am Ende der Diskussion zu ziehen.

Lösungshinweise zum Rollenspiel für den Lehrer:

Folgende Kernaussagen sollten in der Podiumsdiskussion von den Schüler/Schülerinnen herausgearbeitet werden:

Pro-Argumente	FOC-Anbieter	Einzel-händler	Endver-braucher	Kommunal-politiker	Umwelt-schützer
Schaffung langfristiger Arbeitsplätze (gesunde Wirtschaftsstruktur)	X			X	
Förderung der gesamten Region • Tourismus • Aufträge für regionale Betriebe • Sponsoring durch den Betreiber	X			X	
Erhöhung de Steuereinnahmen	X			X	
Verbesserung des Warenangebotes	X		X	X	
Erhöhung der Attraktivität der Region	X		X	X	

Kontra-Argumente	FOC-Anbieter	Einzel-händler	Endver-braucher	Kommunal-politiker	Umwelt-schützer
Aussterben der Innenstadt bzw. gewachsener städtischer Strukturen		X			
Abbau von Arbeitsplätzen		X			
Erhöhtes Verkehrsaufkommen führt zu • Emissionsbelastung (z. B. Feinstaub, Waldsterben) • Lärmbelastung der Anwohner					X
Bau weiterer Straßen führt zur • Zerstörung der Naherholungsgebiete • Vertreibung/Ausrottung von Tieren					X
Flächenversiegelung begünstigt Umweltkatastrophen (Überflutung)					X

Entwickeln und Publizieren eines B2B-Webshops

Der Webshop soll selbstständig von den Schüler/-innen entwickelt und publiziert werden. Mithilfe der CD und den Produktvideos unter der Domain „www.smartstore.com“ lässt sich in ca. 15–30 Minuten ein Webshop einrichten.

Lösungen: Vertiefungsaufgaben

Lösung Aufgabe 1: *Prüfen Sie, welche der folgenden Aussagen zu Handelsvertretern und Reisenden richtig ist und begründen Sie Ihre Ansicht.*

a) Der Handelsvertreter ist ein Angestellter des Unternehmens, für das er tätig ist.
b) Der Handelsvertreter erhält ein Fixum und eine umsatzabhängige Provision für seine Leistungen.
c) Rechte und Pflichten des Handelsvertreters ergeben sich aus dem BGB.
d) Der Reisende erhält lediglich eine umsatzabhängige Provision für seine Leistungen.
e) Der Franchisenehmer ist beim Franchisegeber beschäftigt.
f) Der Reisende präsentiert den Kunden die Produkte seines Arbeitgebers.
g) Der Handelsvertreter ist ein selbstständiger Kaufmann, der in eigenem Namen und auf eigene Rechnung Verträge abschließt.
h) Der Handelsvertreter erhält eine Delkredereprovision für besonders erfolgreiche Vertragsabschlüsse.

Nur Aufgabe f ist richtig:

a) Falsch: Der HV ist selbständiger Gewerbetreibender.
b) Falsch: Der HV erhält nur eine Provision.
c) Falsch: Rechte und Pflichten sind im HGB (§§ 84 bis 92) geregelt.
d) Falsch: Reisende erhalten ein Fixum und zusätzlich eine umsatzabhängige Provision
e) Falsch: Der Franchisenehmer ist selbstständiger Gewerbetreibender, er schließt Verträge mit dem FG.
f) Richtig: Der Reisende ist abhängig beschäftigter Außendienstmitarbeiter.
g) Falsch: Der HV schließt Aufträge in fremdem Namen auf fremde Rechnung.
h) Falsch: Bei der Delkredereprovision haftet der HV für die Zahlungseingänge von Verträgen, die er abgeschlossen hat.

Lösung Aufgabe 2: *Der Sportschuhhersteller Schiebel steht vor der Alternative, Reisende oder Handelsvertreter einzusetzen. Für die Reisenden muss das Unternehmen ein monatliches Fixum von 20.000,00 Euro sowie 4 % Umsatzprovision bezahlen; die Vertreter erhalten 9 % Umsatzprovision. Der erwartete Monatsumsatz liegt bei 500.000,00 EUR.*

a) Überprüfen Sie rechnerisch und zeichnerisch, ob der Einsatz von Reisenden unter den gegebenen Bedingungen lohnt.

Rechnung:

Reisender:	500.000 · 4 % + 20.000	=	40.000,00 EUR
Handelsvertreter:	500.000 · 9 %	=	45.000,00 EUR

Bei einem Monatsumsatz von 500.000,00 EUR spart das Unternehmen durch Einsatz eines Reisenden 5.000,00 EUR.

Grafische Lösung:

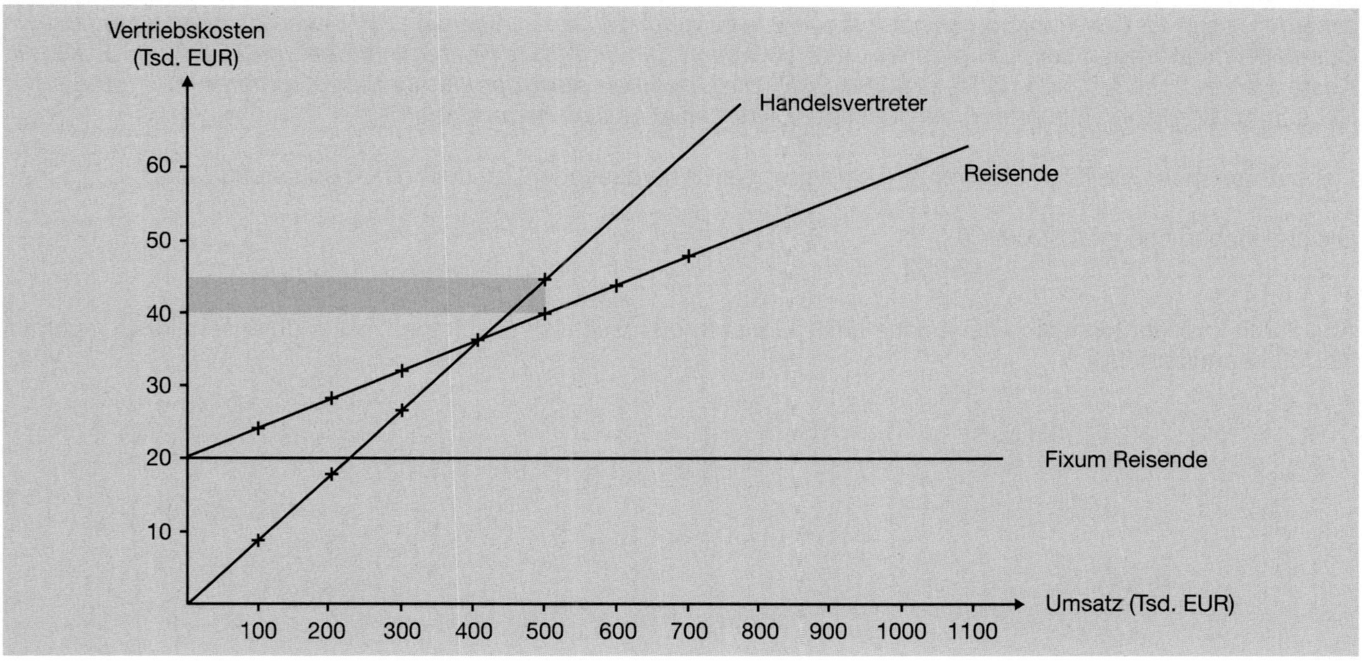

b) Ermitteln Sie rechnerisch den kritischen Umsatz, bei dem Reisende und Handelsvertreter dieselben Kosten verursachen.

Gleichheitsbedingung:

$$20.000 + 4\,\% \cdot X = 9 \times X\,\%$$

$$20.000 = 5 \times X\,\%$$

$$4.000 = X\,\%$$

$$400.000 = X$$

Bei 400.000,00 EUR sind die Kosten beider Vertriebsvarianten identisch (36.000,00 EUR).

c) Schiebel beabsichtigt, zukünftig auch den ungarischen Markt zu beliefern, welchen er noch nicht näher kennt. Überlegen Sie, ob dort eher ein Reisender oder ein Handelsvertreter eingesetzt werden sollte, und begründen Sie Ihre Meinung.

Da er den Markt nicht kennt, ist das Absatzrisiko unbekannt. Aus diesem Grunde bietet sich der Handelsvertreter an. Dieser verursacht nur dann Kosten, wenn er auch Verträge abschließt. Der Wechsel auf einen Reisenden lohnt sich erst bei großen und sicheren Umsätzen.

Lösung Aufgabe 3: *Die kaufmännische Angestellte Nörenberg will sich den Traum eines eigenen vegetarischen Restaurants erfüllen. Dazu überlegt sie, ob sie ihr Restaurant völlig eigenständig betreiben oder einen Franchisebetrieb einer vegetarischen Restaurantkette eröffnen sollte. Welche Vor- und Nachteile könnten für Frau Nörenberg mit so einem Franchisevertrag verbunden sein?*

Mögliche Vorteile (abhängig vom Vertrag) durch

- ein erfolgreiches, durchdachtes Konzept,
- qualifizierte Beratung durch den Franchisegeber,
- überregionale Werbung/PR durch Franchisegeber,
- Unterstützung des Franchisegebers in Einrichtungsangelegenheiten,
- usw.

Mögliche Nachteile (abhängig vom Vertrag) durch eingeschränkte Freiheiten hinsichtlich

- vorgeschriebener Produktauswahl (Sortiment),
- Standortbegrenzung (i. d. R. zugewiesener Bezirk),
- Imageschaden durch überregional bekannte Probleme der Kette,
- usw.

Lösung Aufgabe 4: *Klavierbauer Liebenthron muss sich vor dem Hintergrund wachsender Auftragseingänge entscheiden, ob er für den Transport seiner Instrumente zum Kunden einen eigenen LKW erwerben oder weiterhin eine Spedition beauftragen soll. Ein eigener LKW verursacht jährlich feste Kosten in Höhe von 12.000,00 EUR, die Kosten je km belaufen sich dabei auf 0,80 EUR. Die Spedition stellt den gefahrenen Kilometer mit 1,80 EUR in Rechnung. Wie kann Liebenthron die günstigere Alternative für sich herausfinden?*

Liebenthron muss die Kilometergrenze („kritischer Wert“) herausfinden, ab dem die Anschaffung lohnt:

Gleichheitsbedingung: $12.000 + 0{,}8 \cdot X = 1{,}8 \cdot X$

$$12.000 = X$$

Ab 12.000 km/Jahr lohnt sich der eigene LKW. Liebenthron muss sich also fragen, ob er durchschnittlich mehr als 12.000 Kilometer fährt.

Lösung Aufgabe 5: *Der Spielwarenhersteller Schmidt (Stofftiere und Chemiebaukästen) benötigt neue Lagerkapazitäten und steht vor der Frage, ob er ein großes Zentrallager oder mehrere kleinere dezentrale Lager einrichten soll. Was spricht aus Ihrer Sicht für ein Zentrallager und was für dezentrale Lagerung?*

Vorteile Zentrallager:

- geringe Lagerkosten
- schnellere Einsicht in Lagerbestände
- leichtere Wareneingangskontrolle
- geringer Bestellaufwand

Vorteil dezentrales Lager:

- kurze Transportwege zum Kunden und damit kurze Lieferzeiten

Lösung Aufgabe 6: *Beurteilen Sie das Just-in-time-Konzept im Hinblick auf betriebswirtschaftliche und ökologische Gesichtspunkte.*

- betriebswirtschaftlicher Vorteil: geringe Lagerkosten (z. B. wenig Platzbedarf, geringe Kapitalbindung, geringe Abschreibungsrisiken durch Wertverlust gelagerter Artikel)
- betriebswirtschaftlicher Nachteil: Lieferrisiken (z. B. durch Stau, Unfälle, Streiks bei Zulieferern usw.)
- ökologischer Nachteil: Durch Just-in-time-Lieferungen werden die Lager „auf die Autobahn“ verlagert, denn geringe Lagerhaltung bedeutet hohes Verkehrsaufkommen. Das führt zu erheblichen Schadstoffbelastungen für Mensch und Natur.

G Kommunikationspolitik

Verlaufsplan			
Unterrichtsschritt	**Aktions- und Sozialform**	**Schülerband S.**	**(Min)**
Erarbeiten werbepsychologischer Grundlagen Die Klasse diskutiert die provokative These: „Werbung kann uns alle manipulieren." Anschließend erarbeiten die Schüler/-innen einen Text mit den wichtigsten Erkenntnissen der Werbepsychologie. Dazu sollen sie selbst Zeitschriftenwerbungen mitbringen und eine Wandzeitung oder Mappe anfertigen. Dieser Unterrichtsschritt dient als fachliche Grundlage für die spätere Entwicklung von Werbeplan und Werbeanzeige. Präsentation und Diskussion der Ergebnisse	 moderiertes Unterrichtsgespräch Teamarbeit Unterrichtsgespräch	 72 72 bis 76	90
Entwickeln eines Werbe- und Mediaplans Die Schüler/-innen entwickeln Schritt für Schritt einen systematischen Werbeplan für eine geplante Zeitschriftenwerbekampagne. Der Plan hat folgenden Aufbau: • Unternehmensanalyse • Werbeobjekt • Zielgruppe • Werbebudget • Werbeziele • Werbebotschaft • Mediaplan. Dazu liegt den Schüler/-innen eine Preisliste der Zeitschriften sowie ein Jahreskalender für die Mediaplanung vor. Präsentieren und Diskutieren der Ergebnisse	 Teamarbeit Unterrichtsgespräch	 77 bis 80 81, 82	180
Gestalten einer Werbeanzeige Auf Grundlage des eigenen Werbeplans gestalten die Schüler/-innen nun eine Werbeanzeige unter Berücksichtigung ihrer neu erworbenen werbepsychologischen Kenntnisse. Jede Gruppe präsentiert ihre Werbeanzeige und begründet Entscheidungen auf Grundlage ihres Werbeplans. Alternativ zur Präsentation können Werbeplan und -anzeige als Konzept entwickelt und beim Lehrer abgegeben werden.	 Teamarbeit Präsentation Unterrichtsgespräch	 83	150
Bearbeiten der Vertiefungsarbeitsaufträge Vergleich der Ergebnisse	Einzelarbeit Unterrichtsgespräch	86	90

Lösungen: Praxisfall „Careli GmbH“

Erarbeiten werbepsychologischer Grundlagen

Lösungshinweise zu Arbeitsauftrag 1: *Diskutieren Sie folgende These: „Werbung kann uns alle manipulieren.“*

Unter „Manipulation“ versteht man in der Sozialwissenschaft die Steuerung fremden Verhaltens im Interesse der Manipulatoren (hier: werbende Unternehmen), derer sich die betroffenen Personen nicht oder nicht voll bewusst werden. Dabei sollen Einstellungen und Motivationen durch Anreize (z. B. Prestigesuggestionen) sowie durch sozialen Druck erzeugt werden.[1]

In der Werbepsychologie ist man sich einig, dass Werbung Gedanken und Gefühle durchaus beeinflussen kann (detaillierte Informationen dazu liefert der nachfolgende Infotext), den Umworbenen allerdings nicht zu Handlungen gegen seinen Willen nötigen kann (z. B. aus überzeugten Nichtrauchern Raucher machen).

Fazit: Die Werbung kann Einfluss auf Einstellungen und Motivationen nehmen, aber niemanden zu Handlungen gegen seinen eigenen Willen veranlassen.

---

[1] vgl. dtv-Brockhaus Lexikon, Mannheim/München 1995

Lösung Arbeitsauftrag 2: *Bearbeiten Sie folgende Teilaufgaben mithilfe des folgenden Infotextes.*

a) Stellen Sie die im Text erläuterten psychologischen Werbetechniken in einer Baumstruktur übersichtlich dar.

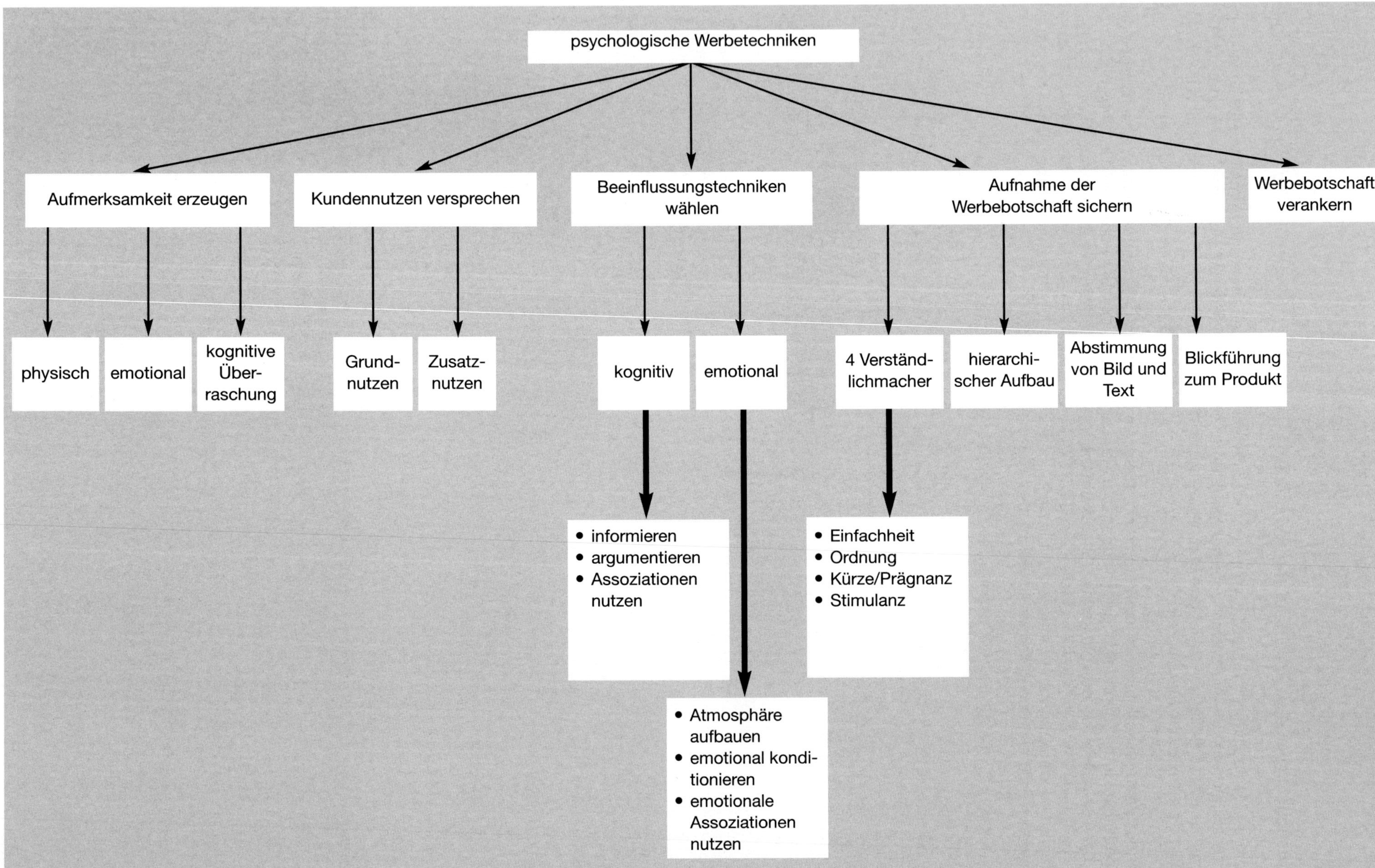

Fortsetzung Lösung Arbeitsauftrag 2:

b) Erläutern Sie, inwiefern die vorgestellten Werbetechniken in den vier Beispielen (Abb. 1 bis 4) eingesetzt werden.

Werbung oben links (Toyota):

- Überraschungsreiz durch Widerspruch: Eine Schraube sagt: „Ich bin ein Toyota."
- Hierarchischer Aufbau: Interessierte Leser erfahren anschließend mehr über Toyota-Service.

Werbung oben rechts (Palmolive):

- Aktivierung durch emotionale Schlüsselreize:
  - Frauenkörper als erotischer Reiz.
  - Augenkontakt: Die Frau sieht dem Betrachter direkt in die Augen.
- Substantivtechnik: Anpreisung einer „Feuchtigkeitsformel".

Werbung unten links (Schwäbisch Hall):

- Aktivierung durch emotionale Schlüsselreize: Große Pupillen sind auf den Betrachter gerichtet.
- Kognitive Beeinflussung durch
  - Information/Argumentation,
  - kognitive Assoziation: Der Fuchs ist schlau – er wird den Konsumenten gut beraten.
- Hierarchischer Informationsaufbau.

Werbung unten rechts (West):

- Emotionale Konditionierung: Das Produkt wird seit Jahren gleichzeitig mit freundlichen und originellen Typen präsentiert, die für einen außergewöhnlichen, nicht konformen Lebensstil stehen. Damit wird der Anblick der Packung mit der Assoziation dieses Lebensstils verknüpft.
- Schaffung einer angenehmen Atmosphäre.

c) Bringen Sie Werbeanzeigen aus Illustrierten mit und erstellen Sie eine Wandzeitung, in der Sie psychologische Werbetechniken an konkreten Werbeanzeigen veranschaulichen.

Schülerabhängige Lösungen

Entwickeln eines Werbe- und Mediaplans

Lösung Arbeitsauftrag: Schülerabhängige Lösungen: Eine abschließende Präsentation des Werbeplans sowie der Werbeanzeige bietet sich an, ebenso können die Schüler/-innen Werbeplan und -anzeige als schriftliche Leistung erbringen.

Der/die Lehrer/-in achtet auf Vollständigkeit, Tiefe und Plausibilität:

- **Unternehmensanalyse**: Image und Rolle des Unternehmens im Wettbewerb?
- **Werbeobjekt**: USP bzw. Positionierung des Produkts gegenüber den Wettbewerbsprodukten?
- **Zielgruppe**: Demografische und psychografische Merkmale, Involvement und Medienverhalten?
- **Werbebudget**: Höhe und Verteilung auf Werbeagentur (105.000,00 EUR) und Werbeträger (1.395.000,00 EUR)?
- **Werbeziele**: Begründung der Auswahl der Werbeziele, Eignung gemäß Anforderungen.
- **Werbebotschaft**: Entwickeln auf Grundlage der Schritte 1 bis 5 einer plausiblen Werbebotschaft.
- **Mediaplan**: Zielgruppe? Warum wird wann welche Zeitschrift geschaltet? Budgetverteilung?

Gestalten einer Werbeanzeige

Lösungshinweise Arbeitsauftrag 1 und 2: Bei der Gestaltung der Werbeanzeige sollten bewertet werden:

- die Vorgaben des selbst erstellten Werbeplans
- gestalterische Ideen und Kreativität
- Einsatz der bereits bekannten psychologischen Werbetechniken.

Lösungen: Vertiefungsaufgaben

Lösung Aufgabe 1: *Ordnen Sie den nachfolgend aufgelisteten Maßnahmen der Kommunikationspolitik die richtigen Fachbegriffe der Kommunikationspolitik zu:*

Fall	Kommunikationspolitische Maßnahme	Fachbegriff
a)	Eine Brauerei stattet den ortsansässigen Handballverein mit Sportkleidung aus. Im Gegenzug darf sie ihr Logo auf die Shirts drucken.	Sponsoring
b)	James Bond trinkt in seinem neuesten Film eine Coca-Cola, während sein Auftraggeber ihm das Ziel seiner Mission erläutert.	Productplacement
c)	Ein Lotterieunternehmen versendet landesweit persönlich adressierte Werbebriefe, in denen es auf erhebliche Gewinnchancen hinweist.	Direktmarketing
d)	Eine Versicherung schult ihre Außendienstmitarbeiter zu mehreren neuen Produkten, vor allem zu einer Kapitallebensversicherung.	Verkaufsförderung
e)	Ein Gebrauchtwagenhändler stellt in der Samstagsanzeige der regionalen Tageszeitung seine bislang erfolglosen Modelle vor.	Werbung
f)	Ein Unternehmen der chemischen Industrie weist in vierfarbigen Anzeigen auf die Umweltfreundlichkeit seiner Produktion hin.	PR
g)	Ein Softwarehersteller präsentiert auf der CeBit in Hannover ein neues Warenwirtschaftsprogramm.	Messe
h)	Ein Versicherungsunternehmen meldet sich telefonisch bei allen kaufmännischen Auszubildenden.	Direktmarketing
i)	Ein Schokoladenhersteller baut in einer Supermarktkette farbige Displays zur optimalen Präsentation seiner Schokoriegel mit Fruchtfüllung auf.	Verkaufsförderung
j)	Ein Handyhersteller erläutert in einer Pressekonferenz seine zukünftige internationale Marketingstrategie.	PR

Lösung Aufgabe 2: *Eine mögliche Größe der Werbeerfolgsmessung ist die Werberendite.*

a) *Berechnen Sie die Werberendite eines Unternehmens, welches 500.000,00 EUR in eine Werbekampagne investiert und damit einen Jahresumsatz von 5,52 Mio. EUR erwirtschaftet. Der Vorjahresumsatz betrug 4,8 Mio. EUR.*

Werberendite = Umsatzzuwachs / Werbekosten = 720.000,00 EUR / 500.000,00 EUR = 1,44 (entspricht 44 %)

b) *Beurteilen Sie diese Größe kritisch.*

Der Vorteil dieser Größe ist, dass der Erfolg der Werbung am tatsächlichen Umsatzergebnis gemessen wird. Dem steht der erhebliche Nachteil gegenüber, dass nicht bekannt ist, in welchem Ausmaß der Umsatzzuwachs auf die Werbemaßnahme zurückzuführen ist. Überspitzt formuliert: Man weiß nicht, ob der Umsatz WEGEN oder TROTZ der Werbung erreicht wurde.

Lösung Aufgabe 3: *Productplacement ist ein sehr erfolgreiches Instrument der Kommunikationspolitik. Machen Sie Vorschläge, in welcher TV-Serie Careli die Handtasche „Elena" (Zielgruppe sind Frauen ab 25 Jahren) erfolgreich platzieren könnte. Diskutieren Sie, welche Serie in welchem TV-Kanal Careli wählen sollte.*

Hier kann der Autor nicht mitreden: schülerabhängige Antworten.

Lösung Aufgabe 4: *Ein Autohaus aus Ihrer Region plant die Schaltung einer Zeitungsanzeige zur Bewerbung neuer Modelle. Die Anzeige soll quadratisch (etwa 15 cm Kantenlänge) sein.*

a) Wählen Sie eine geeignete Zeitung aus.

Tageszeitung Ihrer Region

b) Bestimmen Sie den Werbezeitpunkt.

In der Samstagsausgabe wird üblicherweise der Automarkt geschaltet.

c) Ermitteln Sie die tatsächlichen Kosten der Schaltung der Anzeige.

Die Schüler recherchieren per Internet oder erkundigen sich beim regionalen Pressehaus nach den Spaltenpreisen und errechnen den Anzeigenpreis.

Lösung Aufgabe 5: *Warum werben einige Unternehmen in der Praxis zyklisch und andere antizyklisch? Stellen Sie plausible Vermutungen an.*

Nach einem erfolgreichen Geschäftsjahr ist die Unternehmensleitung in der Regel bereit, mehr für Werbung auszugeben, da das Unternehmen dann ja auch über höhere liquide Mittel verfügt (= zyklische Werbung). Aus Sicht des Marketings hingegen ist häufig gerade bei Umsatzrückgang eine Erhöhung des Werbeetats angezeigt, denn wenn die Kunden ausbleiben, kann eine ausreichende Werbung zur Überlebensfrage werden (= antizyklische Werbung).

Die Entscheidung darüber, ob „in guten oder in schlechten Zeiten“ verstärkt geworben werden soll, ist häufig abhängig von der Machtposition des Marketings im Betrieb.

H Marketingcontrolling

Verlaufsplan			
Unterrichtsschritt	**Aktions- und Sozialform**	**Schülerband S.**	**(Min.)**
Berechnen, Darstellen und Auswerten von Soll-Ist-Abweichungen Die Schüler/-innen bearbeiten zu mehreren betrieblichen Erfolgsgrößen folgende Aufgaben: • Berechnen von Soll-Ist-Abweichungen • Erstellen von Diagrammen • Interpretieren der Diagramme Tipp: Die Ermittlung und Darstellung der Kennzahlen kann mit einem Tabellenkalkulationsprogramm (z. B. MS-Excel) am PC vorgenommen werden. Jeweils anschließend: Auswertung der Ergebnisse	Partnerarbeit Unterrichtsgespräch	87, 88	180
Analysieren des Lebenszyklus ausgewählter Produkte Die Schüler/-innen bearbeiten Aufgaben zum Produktlebenszyklus der Handtaschen (female): • Berechnen von Umsatzentwicklungen • Bestimmen der gegenwärtigen Position jeder Tasche auf der Kurve des Produktlebenszyklus • Prognose zukünftiger Umsätze • Ableiten einer Kombination der Marketinginstrumente (Marketingmix) für jede Tasche Jeweils anschließend: Vergleich der Ergebnisse	Partnerarbeit Unterrichtsgespräch	47, 89, 90	90
Analysieren des Produktportfolios (Portfolioanalyse) Die Schüler/-innen bearbeiten Aufgaben zur Portfolioanalyse: • Berechnen von Umsatzanteil, relativem Marktanteil und Marktwachstum • Eintragen der Produktgruppen in das Portfolioschema • Interpretieren der Portfolioanalyse • Zuordnen von „Normstrategien“ und kritische Diskussion jeweils anschließend: Vergleich der Ergebnisse	Partnerarbeit Unterrichtsgespräch	91 bis 93	90
Bearbeiten der Vertiefungsaufgaben Vergleich der Ergebnisse	Einzelarbeit Unterrichtsgespräch	95	120

Lösungen: Praxisfall „Careli GmbH“

Berechnen, Darstellen und Auswerten von Soll-Ist-Abweichungen

Lösung Arbeitsauftrag 1: *Berechnen Sie alle fehlenden Größen in Tabelle 1 (Schülerband S. 88) und tragen Sie diese in die leeren Felder ein.*

	business			traveller			female			outdoor			young-line		
	Soll (Mio. EUR)	Ist (Mio. EUR)	Abweichung (%)	Soll (Mio. EUR)	Ist (Mio. EUR)	Abweichung (%)	Soll (Mio. EUR)	Ist (Mio EUR)	Abweichung (%)	Soll- (Mio. EUR)	Ist (Mio. EUR)	Abweichung (%)	Soll (Mio. EUR)	Ist (Mio. EUR)	Abweichung (%)
Umsatz	12	14,9	24,2 %	26	28,8	10,8 %	32	33,8	5,6 %	10	4,8	−52,0 %	2,5	2,9	16,0 %
Kosten	9	11,5	27,8 %	24	27,5	14,6 %	28	29,5	5,4 %	8	4,5	−43,8 %	8,5	10	17,6 %
Gewinn/Verlust	3	3,4	13,3 %	2	1,3	−35,0 %	4	4,3	7,5 %	2	0,3	−85,0 %	−6	−7,1	18,3 %

Lösung Arbeitsauftrag 2: *Stellen Sie in aussagefähigen Diagrammen folgende Soll-Ist-Vergleiche zu Erfolgsgrößen der Careli GmbH dar:*

Lösung Arbeitsauftrag 2 a):
Soll-Ist-Vergleich: Gesamtumsatz (Mio. EUR)

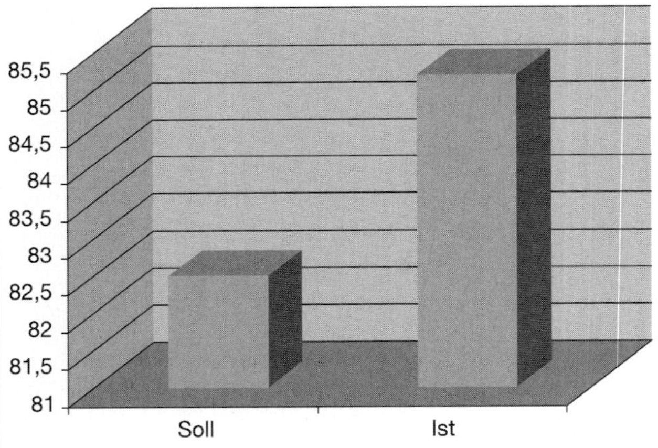

Lösung Arbeitsauftrag 2 b):
Soll-Ist-Vergleich: Gewinn (Mio. EUR)

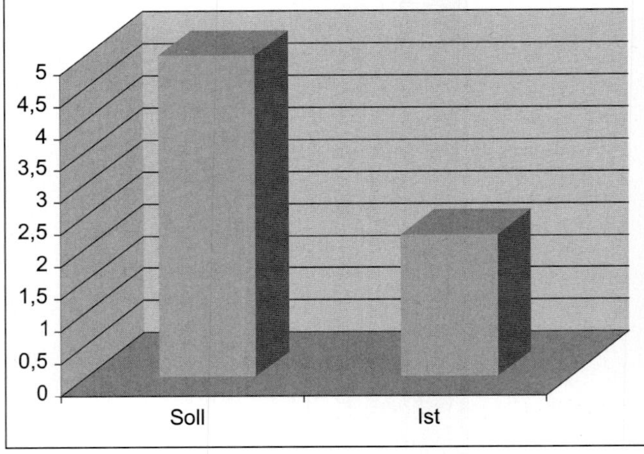

Lösung Arbeitsauftrag 2 c):
Soll-Ist-Vergleich: Umsatz Produktgruppen (Mio. EUR)

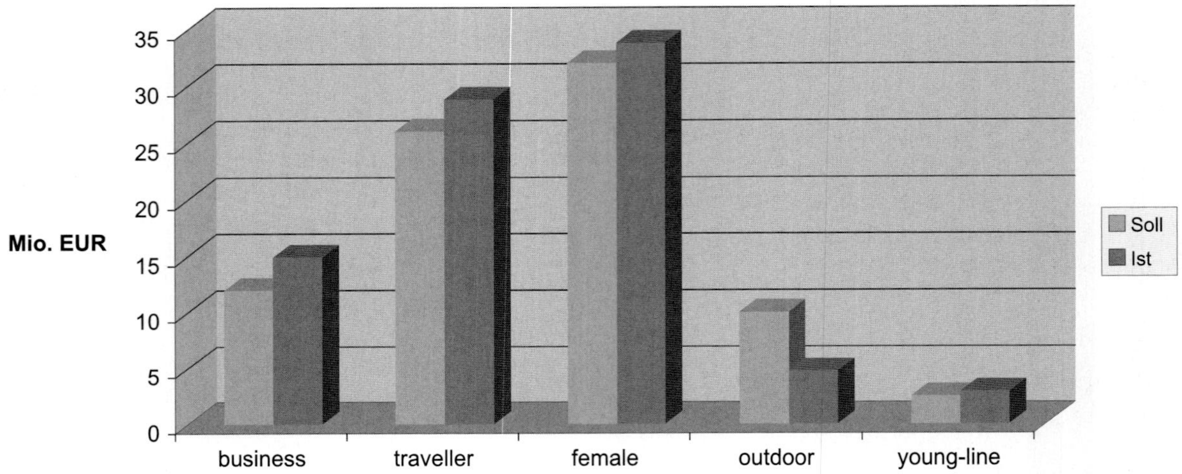

Lösung Arbeitsauftrag 2 d):
Soll-Ist-Vergleich: Gewinn/Verlust Produktgruppe (Mio. EUR)

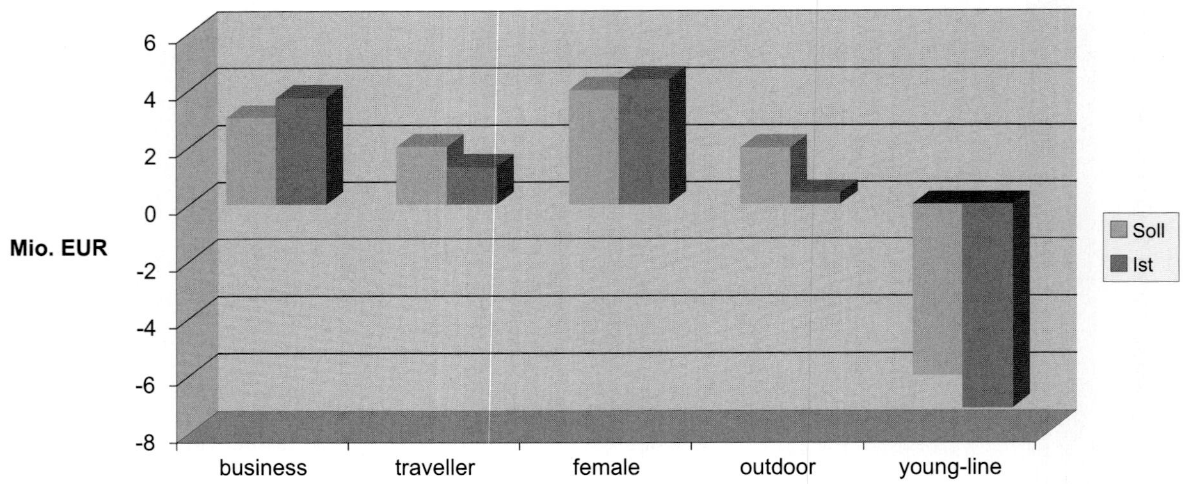

Lösung Arbeitsauftrag 3: *Interpretieren Sie die Diagramme und versuchen Sie, Ursachen zu erklären.*

Gesamtumsatz und Gesamtgewinn:

- Der Jahresumsatz von 85,2 Mio. EUR übersteigt das Umsatzziel (Soll) von 82,5 um 2,7 Mio. EUR (3,3 %), das Umsatzziel wurde also erreicht.
- Der Jahresgewinn hat mit 2,2 Mio. EUR das Gewinnziel von 5 Mio. EUR nicht erreicht.

Umsatz einzelner Produktgruppen:

- Es gibt einen unerwarteten Umsatzrückgang bei der Produktgruppe „outdoor".
- Alle anderen Zielvorgaben wurden erfüllt.

Gewinn/Verlust einzelne Produktgruppen

- business und female: Die Zielvorgabe wurde übertroffen.
- traveller:
  - Die Zielvorgabe wurde nicht erreicht.
  - Da das Umsatzziel erreicht worden ist, sind offensichtlich zu hohe Kosten für das Verfehlen der Zielvorgabe verantwortlich.
- outdoor:
  - Die Zielvorgabe wurde nicht erreicht.
  - Die negative Soll-Ist-Abweichung liegt noch deutlich über der Abweichung in Bezug auf den Umsatz, also gab es auch hier einen unerwarteten Kostenanstieg.
- young-line:
  - Die Zielvorgabe wurde nicht erreicht.
  - Verlust war einkalkuliert (Kosten der Produktentwicklung und -einführung), aber nicht in der Höhe.

Lösung Arbeitsauftrag 4: *Zur Produktgruppe „young-line“ liegen in Tabelle 2 (Schülerband S. 88) Zahlen zur Analyse der Deckungsbeiträge vor.*

a) *Berechnen Sie alle fehlenden Größen und tragen Sie diese in die Tabelle ein.*

Soll-Ist-Abweichungen der Deckungsbeiträge: young-line				
	Quartal I	**Quartal II**	**Quartal III**	**Quartal IV**
Umsatz (Tsd. EUR)	300	500	800	1.300
Variable Kosten (Tsd. EUR)	231	385	560	910
Ist-Deckungsbeitrag (Tsd. EUR)	69	115	240	390
Ist-Deckungsbeitrag (%)	23,0	23,0	30,0	30,0
Soll-Deckungsbeitrag (%)	25,4	25,4	25,4	25,4
Soll-Ist-Abweichung (%)	-9,4	-9,4	18,1	18,1

b) *Stellen Sie in aussagefähigen Diagrammen dar:*
- *Ist-Deckungsbeiträge pro Quartal*
- *Umsatz und variable Kosten pro Quartal*
- *Soll-Ist-Abweichungen der Deckungsbeiträge pro Quartal*

Sie finden alle Diagramme auf S. 57.

c) *Interpretieren Sie Ihre Ergebnisse und erklären Sie mögliche Ursachen.*

- Die young-line erwirtschaftet rasch steigende positive Deckungsbeiträge: von 69 Mio. EUR im ersten Quartal auf 390 Mio. EUR im 4. Quartal – also fast auf das Sechsfache.

- Der Anstieg des DB kann auf zwei Ursachen zurückgeführt werden:

  - steigende Verkaufspreise
  - sinkende variable Kosten (variable Stückkosten, z. B. durch Kostensenkung im Einkauf oder Lohnkostensenkung)

- Der erwartete Soll-Deckungsbeitrag von 25,4 % wurde in den ersten beiden Quartalen mit nur 23 % nicht erreicht, in den letzten beiden dafür mit 30 % übertroffen:

  - Quartal I und II: – 9,4 %
  - Quartal III und IV: +18,1 %

- Da der prozentuale Ist-Deckungsbeitrag in den ersten beiden und in den zweiten beiden Quartalen einen jeweils konstanten Wert annimmt, ist anzunehmen, dass die Deckungsbeitragssteigerung auf eine Senkung der variablen Kosten im dritten Quartal zurückzuführen ist.

Diagramme zu Arbeitsauftrag 4 b):

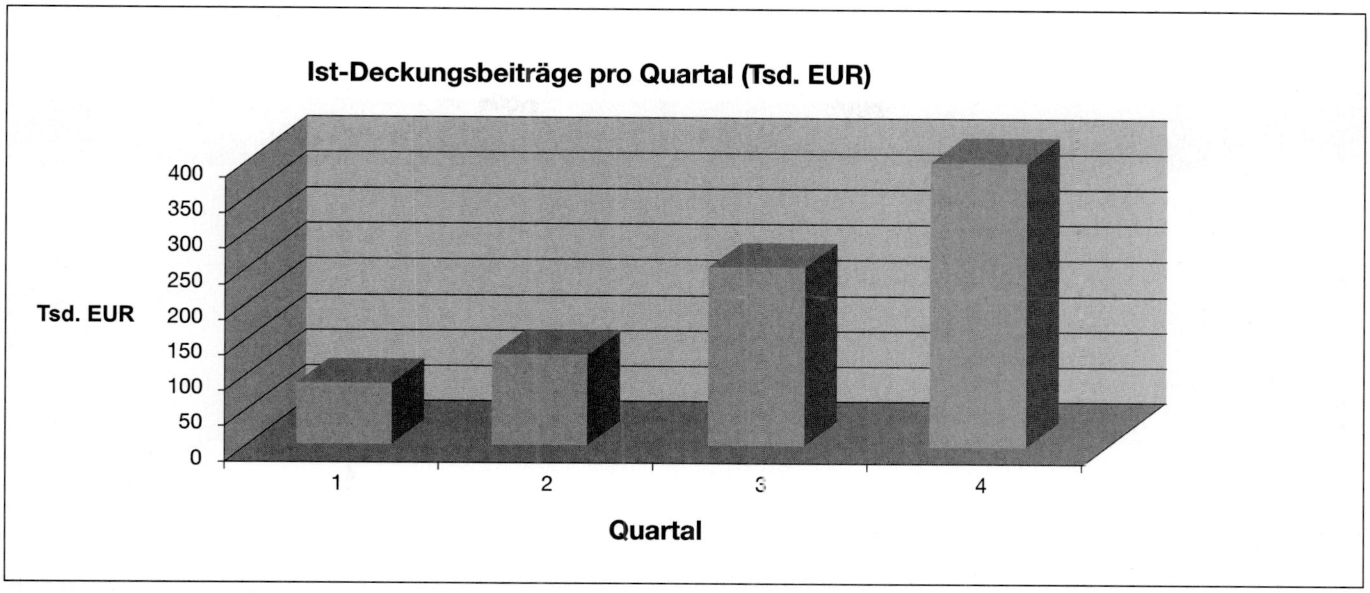

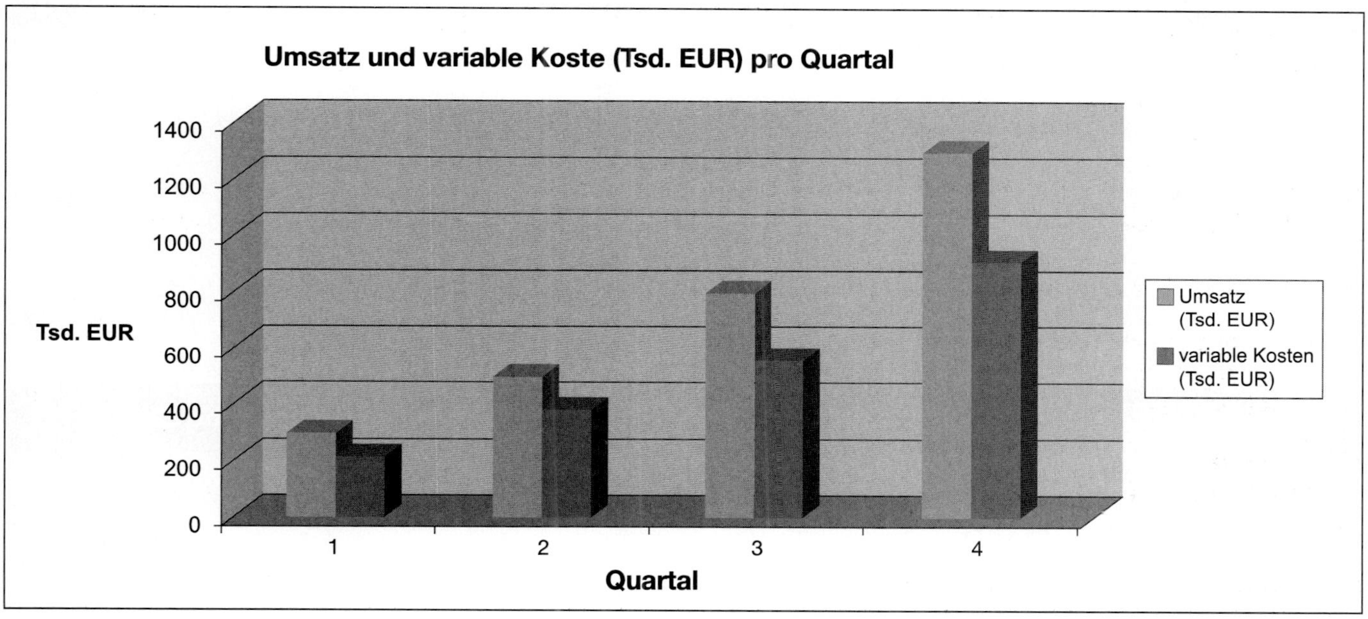

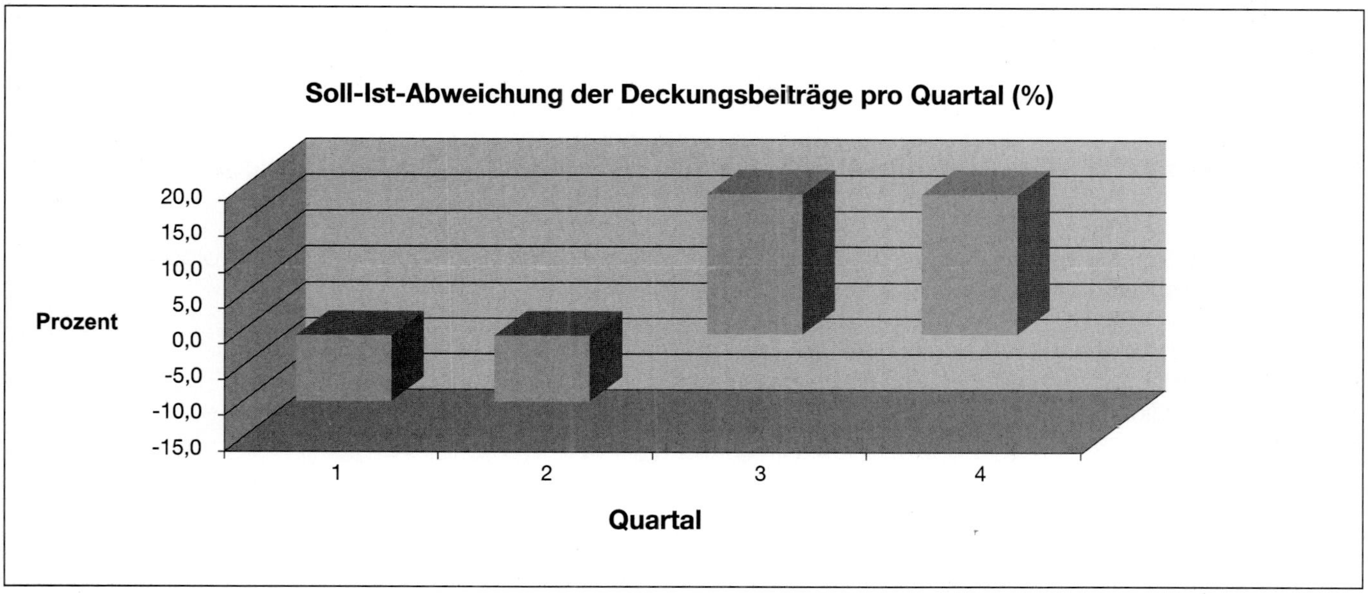

Analysieren des Produktlebenszyklus ausgewählter Produkte

Lösung Arbeitsauftrag 1: *Ihnen liegen die Umsatzangaben der Handtaschenmodelle vor. Berechnen Sie die Umsatzentwicklung gegenüber den Vorjahren in %.*

	Vorjahr –2	Vorjahr –1		Vorjahr		Geschäftsjahr	
	Umsatz (Mio. EUR)	Umsatz (Mio. EUR)	Entwicklung (%)	Umsatz (Mio. EUR)	Entwicklung (%)	Umsatz (Mio. EUR)	Entwicklung (%)
Monique	6,2	7,5	21,0 %	8,6	14,7 %	9,5	10,5 %
Madeleine	10,9	9,8	-10,1 %	8,5	-13,3 %	6,9	-18,8 %
Chantal	1,3	1,5	15,4 %	1,8	20,0 %	2,4	33,3 %
Elena	7,8	7,9	1,3 %	8,0	1,3 %	8,0	0,0 %

Lösung Arbeitsauftrag 2: *Skizzieren Sie für jede Handtasche einen Produktlebenszyklus mit Phaseneinteilung (siehe dazu Abschnitt D, Schülerband S. 47) und tragen Sie die gegenwärtige Position der einzelnen Taschen ein:*

Lebenszyklus: Handtasche Monique

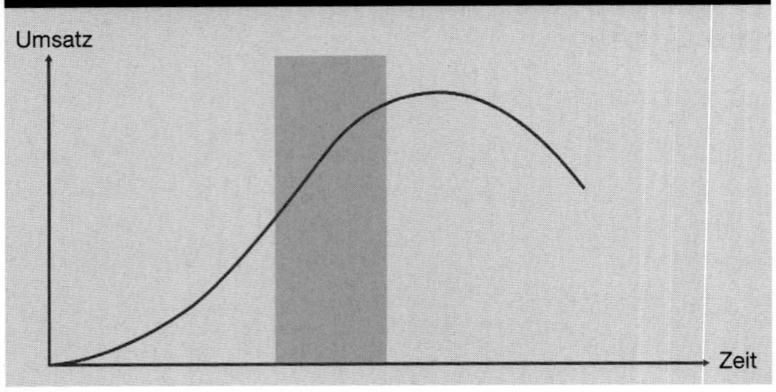

Lebenszyklus: Handtasche Madeleine

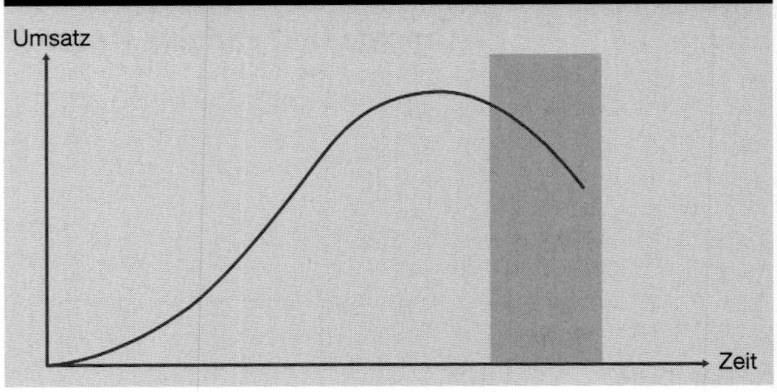

Lebenszyklus: Handtasche Chantal

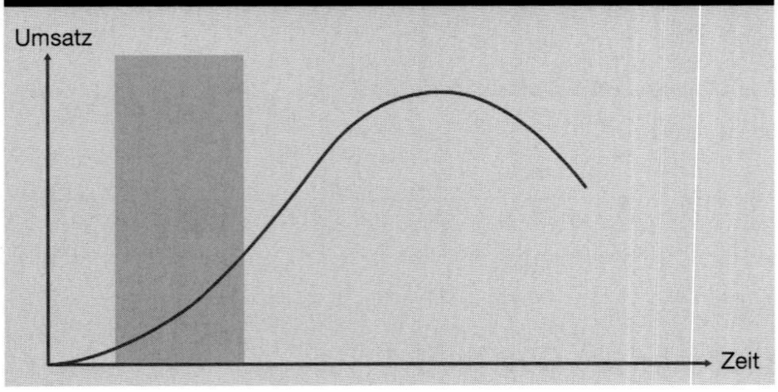

Lebenszyklus: Handtasche Elena

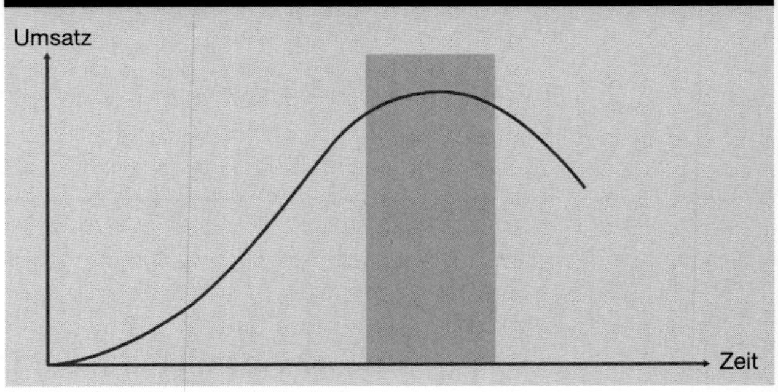

Lösung Arbeitsauftrag 3: *Welchen Umsatz erwarten Sie für die einzelnen Taschen im Folgejahr? (Begründete Schätzung)*

Alle plausiblen Schülerantworten sind möglich, in Fortschreibung der Wachstumsraten sind folgende Größenordnungen realistisch:

- Monique: ca. 10 Mio. EUR (Ende der Reifephase)
- Madeleine: deutlich unter 6,9 Mio. EUR, vermutlich ca. 5 Mio. EUR (Degenerationsphase)
- Chantal: deutlich über 2,4 Mio. EUR, vermutlich ca. 3,5 Mio. EUR (Wachstumsphase)
- Elena: weiterhin ca. 8 Mio. EUR (Sättigungsphase)

Lösung Arbeitsauftrag 4: *Leiten Sie Schlussfolgerungen für den Marketingmix der einzelnen Taschen ab, indem Sie für jede Tasche einen Beispielvorschlag pro Marketinginstrument eintragen:*

Schülerabhängige Antworten, alle plausiblen Antworten sind möglich. Beispiellösungen:

	Monique (Reife)	Madeleine (Degeneration)	Chantal (Wachstum)	Elena (Sättigung)
Produktpolitische Maßnahmen	Produktdifferenzierung bzw. -variation	Produktelimination	Verbesserung der Produktqualität (Problem der ersten Baureihen)	Produktdifferenzierung, Produktvariation
Preispolitische Maßnahmen	Preis halten	Sonderangebote unterbreiten	• bei Skimmingstrategie: Preis senken • bei Penetrationspreisstrategie: Preis anheben	Preis halten
Distributionspolitische Maßnahmen	weitere Absatzkanäle aufspüren	Absatzkanäle abbauen	weitere Absatzkanäle aufspüren	weitere Absatzkanäle aufspüren
Kommunikationspolitische Maßnahmen	Produktvorteile gegenüber Wettbewerb herausstellen	Werbung zurücknehmen	Bekanntheitsgrad (weiter) steigern	Produktvorteile gegenüber Wettbewerb herausstellen

Analysieren des Produktportfolios (Portfolioanalyse)

Lösung Arbeitsauftrag 1: *Folgende Zahlen liegen dem Controlling vor. Berechnen Sie alle fehlenden Größen der Tabelle.*

	Umsatz Geschäftsjahr (Mio. EUR)	Umsatzanteil[1] (%)	Umsatz des stärksten Wettbewerbers	relativer Marktanteil (dezimal)	Marktvolumen Geschäftsjahr (Mio. EUR)	erwartetes Marktvolumen (Mio. EUR)	Marktwachstum (%)
business	14,9	17,5 %	25	0,60	240	255	6,3 %
traveller	28,8	33,8 %	24	1,20	195	210	7,7 %
female	33,8	39,7 %	26	1,30	290	335	15,5 %
outdoor	4,8	5,6 %	40	0,12	255	265	3,9 %
young-line	2,9	3,4 %	9	0,32	45	55	22,2 %

Lösung Arbeitsauftrag 2.: *Zeichnen Sie die Geschäftsfelder (hier: Produktgruppen) in das Portfolioschema ein. Beachten Sie dazu die Hinweise zur Darstellung einer Portfolioanalyse im nachfolgenden Infotext (Schülerband S. 92 f.).*

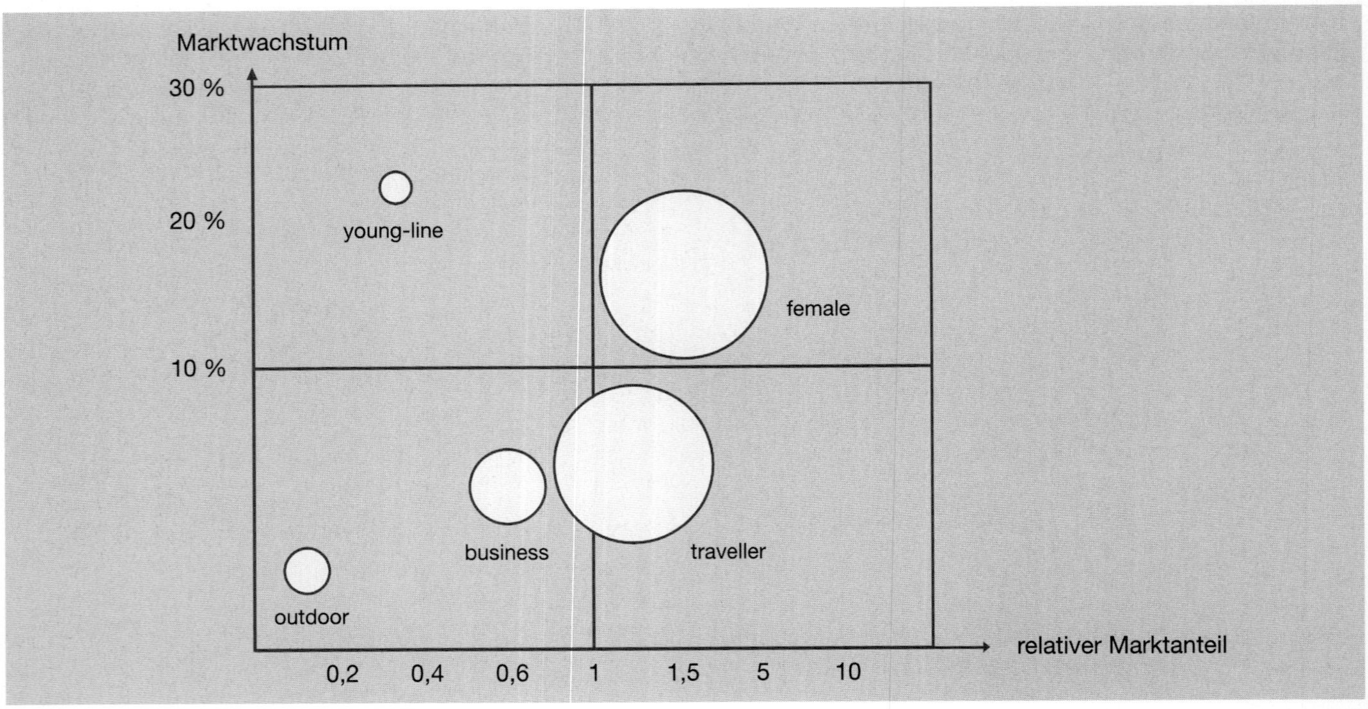

[1] am eigenen Gesamtumsatz

Lösung Arbeitsauftrag 3: *Interpretieren Sie Ihr Ergebnis.*

- Das Unternehmen finanziert sich vor allem durch das Geschäft mit Damenhandtaschen und Reisetaschen, in abnehmendem Maße durch Koffer und Taschen für Kaufleute.
- Die young-line-Produkte sind ein aussichtsreiches Geschäftsfeld, welches sich noch bewähren muss.
- Das Geschäftsfeld „outdoor“ ist ein Poor Dog mit geringem Umsatzanteil, das überdies Verluste einfährt.

Im Einzelnen:

Geschäftsfeld (Produktgruppe)	Portfolio-kategorie	Interpretation
business	Poor Dog	• Marktwachstum: mit 6,3 % eher gering • relativer Marktanteil: mit 0,6 (60 % des stärksten Wettbewerbers) hat dieser Kostenvorteile • Umsatzanteil: mit 17,5 % etwa ein Achtel des Gesamtumsatzes
traveller	Cash Cow	• Marktwachstum: mit 7,7 % eher gering • relativer Marktanteil: mit dem 1,2fachen Umsatz gegenüber dem stärksten Wettbewerber sehr starke Position, große Chance auf Kostenvorteile. • Umsatzanteil: mit 33,8 % ein wichtiger Umsatzträger (ein Drittel des Gesamtumsatzes)
female	Star	• Marktwachstum: mit 15,5 % als stark einzustufen • relativer Marktanteil: mit dem 1,3fachen Umsatz gegenüber dem stärksten Wettbewerber sehr starke Position, große Chance auf Kostenvorteile • Umsatzanteil: mit 39,7 % der größte Umsatzträger (mehr als ein Drittel des Gesamtumsatzes)
outdoor	Poor Dog	• Marktwachstum: mit 3,9 % gering • relativer Marktanteil: mit Faktor 0,12 (also 12 % des stärksten Wettbewerbers) kaum eine Chance, im Kostenwettbewerb zu bestehen • Umsatzanteil: mit 5,6 % ein eher unbedeutender Anteil am Gesamtumsatz
young-line	Question Mark	• Marktwachstum: mit 22,2 % sehr stark • relativer Marktanteil: mit Faktor 0,32 sehr gering, aber das Produkt ist in der Einführung • Umsatzanteil: mit 3,4 % (noch) ein unbedeutender Anteil am Gesamtumsatz

Lösung Arbeitsauftrag 4: *Leiten Sie mithilfe des Infotextes Normstrategien für die einzelnen Produktgruppen der Careli GmbH ab und diskutieren Sie diese kritisch.*

Geschäftsfeld (Produktgruppe)	Kategorie	Normstrategie
business	Poor Dog	Desinvestitionsstrategie
traveller	Cash Cow	Abschöpfungsstrategie
female	Star	Investitionsstrategie
outdoor	Poor Dog	Desinvestitionsstrategie
young-line	Question Mark	• bei Aussicht auf Erfolg: Investitionsstrategie • bei auswegloser Situation: Desinvestitionsstrategie

Kritische Diskussion der Normstrategien

Normstrategien geben an, welche Entscheidungen viele Unternehmen im „Normalfall“ treffen, sie sind aber im Einzelfall häufig nicht anwendbar. So wird beispielsweise das Unternehmen Beiersdorf den Marktanteil der Cash Cow „Nivea“ sicher nicht leicht senken, sondern eher ausbauen. Ebenso kann ein Unternehmen gut beraten sein, auch einen Poor Dog auszubauen, etwa dann, wenn das Unternehmen eine aussichtsreiche Nische besetzt. Eine Entscheidung über das Schicksal von Geschäftsfeldern (Produkten, Produktgruppen) sollte daher immer im Einzelfall – abhängig von der Strategie und der Gesamtsituation des Unternehmens – erfolgen.

Lösungen: Vertiefungsaufgaben

Lösung Aufgabe 1: *Dem Marketingcontrolling des Sportartikelherstellers Fischer liegen verschiedene Ergebnisse der Marktforschung zu einzelnen Produktgruppen vor (Umsatzangaben einschließlich Handelsmarge). Ermitteln Sie die gesuchten Größen mithilfe des Glossars:*

a) *Produktgruppe I: Umsatz Fischer: 20 Mio. EUR, Marktanteil Fischer: 12 %, das Marktpotenzial ist zu 80 % ausgeschöpft. Ermitteln Sie Marktvolumen und Marktpotenzial für diesen Markt.*

Marktvolumen:	(20 Mio. / 12 %) · 100 %	= 166, 67 Mio. EUR
Marktpotenzial:	(166,67 Mio. / 80 Mio.) · 100	= 208,34 Mio. EUR

b) *Produktgruppe II: Umsatz Fischer 25 Mio. EUR, Gesamtumsatz der übrigen Wettbewerber: 175 Mio. EUR, Marktpotenzial: 230 Mio. EUR. Wie groß ist der Marktanteil von Fischer und wie viel Prozent Marktwachstum sind auf diesem Markt noch möglich?*

Marktvolumen:	25 Mio. + 175 Mio	= 200 Mio. EUR
Marktanteil Fischer:	(25 Mio. / 200 Mio.) · 100	= 12,5 %
Marktwachstumspotenzial:	230 Mio. – 200 Mio	= 30 Mio. EUR unausgeschöpftes Potenzial,
	(30 / 200) · 100	= 15 %

c) *Produktgruppe III: Marktpotenzial 180 Mio. EUR, ein Drittel des Marktpotenzials ist noch nicht ausgeschöpft, Umsatz Fischer: 8,4 Mio. EUR. Wie groß ist das Marktvolumen und welchen Marktanteil hat Sport Fischer?*

Marktvolumen:	(180 Mio. / 3) · 2	= 120 Mio. EUR
Marktanteil Fischer:	(8,4 Mio. / 120 Mio.) · 100	= 7 %

Lösung Aufgabe 2: *Berechnen Sie Soll-Ist-Abweichungen vorliegender Quartalsumsätze einer Kaufhauskette und ziehen Sie Schlussfolgerungen hinsichtlich der bisherigen Wetterlage.*

Produktgruppe	Soll-Umsatz (EUR)	Ist-Umsatz (EUR)	Soll-Ist-Abweichung (%)
I. Sonnenmilch	635.443,00	593.266,00	-6,64
II. T-Shirts	822.940,00	687.190,00	-16,50
III. Regenjacken	1.233.812,00	1.425.950,00	+15,57

Offensichtlich blickt die Kaufhauskette auf eine verregnete Saison zurück.

Lösung Aufgabe 3: *Begründen Sie, warum Controller häufig prozentuale Größen (z. B. 44 % Deckungsbeitrag) absoluten Größen (z. B. 600.000,00 EUR DB) vorziehen.*

Prozentuale Größen haben den Vorteil, dass sie viele Vergleiche ermöglichen, z. B. den Vergleich mit

- dem Vorjahr,
- mit ganz anderen Produktgruppen und Branchen,
- mit anderen Unternehmen.

Lösung Aufgabe 4: *Die Technon AG vertreibt seit Jahren insgesamt vier Produktgruppen auf dem europäischen Markt: DVD-Player, Beamer, Videorecorder und TV-Geräte. Die jüngste Produktgruppe des Hauses sind Beamer, deren Entwicklung und Herstellung erhebliche Kosten verursacht haben.*

Die erwarteten Gesamtkosten des Unternehmens im Geschäftsjahr belaufen sich auf 521 Mio. EUR. Vor diesem Hintergrund hat der Vorstand beschlossen, keine weiteren aufwendigen Entwicklungen neuer oder bisheriger Produkte zu genehmigen. Dem Marketing steht ein Jahresbudget von 2 Mio. EUR für sämtliche Marketingaktivitäten zur Verfügung.

Folgende Informationen liegen dem Marketing vor:

- *Videorecorder: Umsatz Geschäftsjahr: 19 Mio. EUR, Marktführer: Sound mit 120 Mio. EUR, Marktvolumen Geschäftsjahr: 224 Mio. EUR, prognostiziertes Marktvolumen für das Folgejahr: 240 Mio. EUR.*
- *TV-Geräte: Umsatz Geschäftsjahr: 380 Mio. EUR, stärkster Wettbewerber: Teles mit 211 Mio. EUR, Marktvolumen Geschäftsjahr: 800 Mio. EUR, prognostiziertes Marktvolumen für das Folgejahr: 840 Mio. EUR.*

- *DVD-Player: Umsatz Geschäftsjahr: 40 Mio. EUR, stärkster Wettbewerber: X-tron mit 25 Mio. EUR, Marktvolumen Geschäftsjahr: 160 Mio. EUR, prognostiziertes Marktvolumen für das Folgejahr: 190 Mio. EUR.*
- *Beamer: Umsatz Geschäftsjahr: 136 Mio. EUR, Marktführer: Sound mit 230 Mio. EUR, Marktvolumen Geschäftsjahr: 400 Mio. EUR, prognostiziertes Marktvolumen für das Folgejahr: 480 Mio. EUR.*

a) Ermitteln Sie den erwarteten Gewinn des Geschäftsjahres.

Summe der Umsätze aller Geschäftsfelder abzüglich angegebener Gesamtkosten:
19 Mio. + 380 Mio. + 40 Mio. + 136 Mio. = 575 Mio. abzüglich 521 Mio. ergibt: 54 Mio. EUR

b) Erstellen Sie eine Marktanteils-Marktwachstums-Portfolio-Analyse.

	Umsatz Geschäftsjahr (Mio. EUR)	Umsatz-anteil (%)	Umsatz des stärksten Wett-bewerbers	relativer Marktanteil (dezimal)	Marktvolumen Geschäftsjahr (Mio. EUR)	erwartetes Marktvolumen (Mio. EUR)	Markt-wachstum (%)
Videorecorder	19	3,3	120	0,16	224	240	7,1 %
TV-Geräte	380	66,1	211	1,8	800	840	5 %
DVD-Player	40	7,0	25	1,6	160	190	18,8 %
Beamer	136	23,7	230	0,59	400	480	20 %

Damit gilt die Zuordnung:

- Video: Poor Dog
- TV: Cash Cow
- DVD: Star
- Beamer: Question Mark

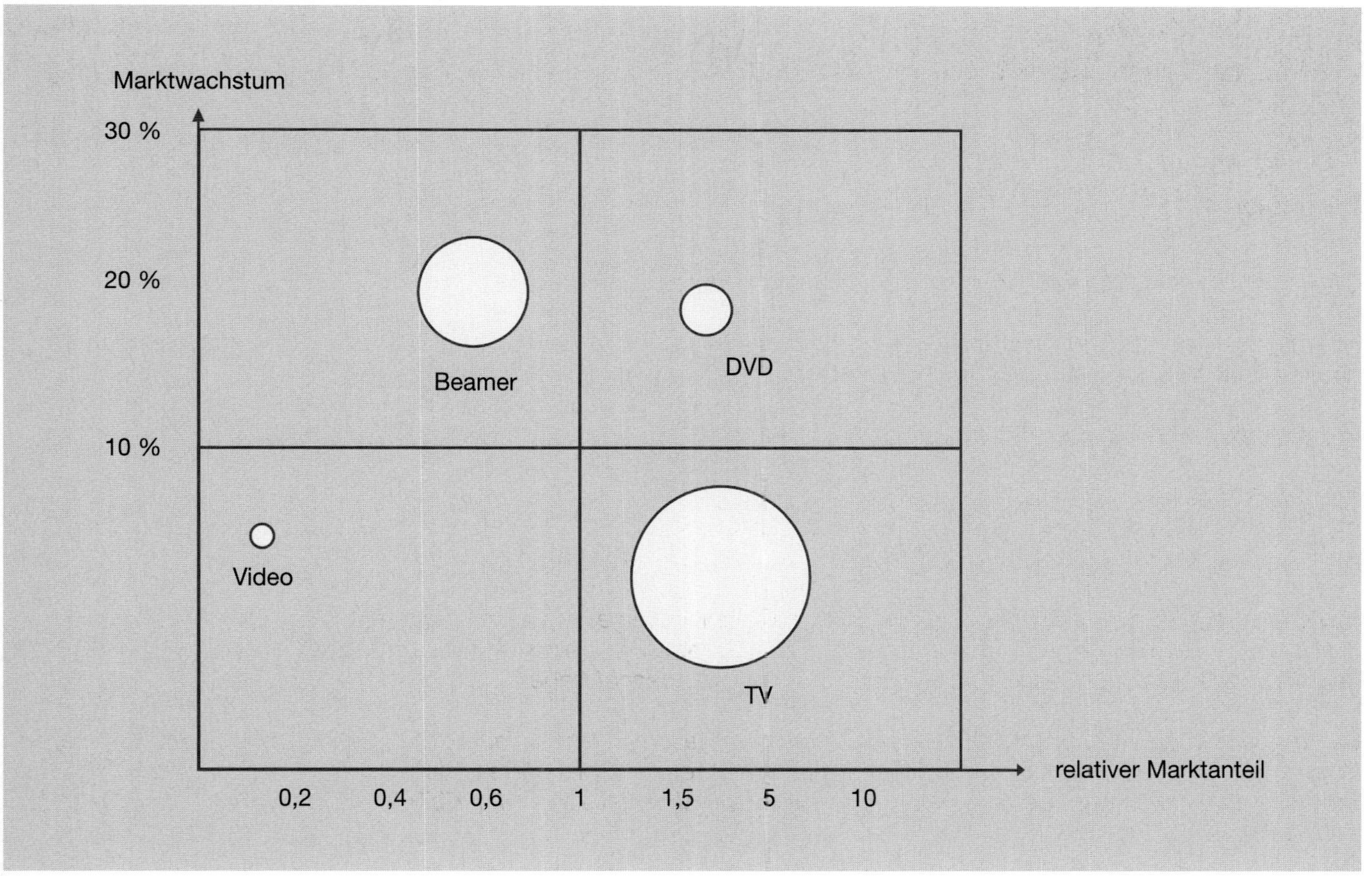

c) *Leiten Sie Normstrategien für die Technon AG ab.*

- Video: Desinvestitionsstrategie: Marktanteil senken, Produktgruppe eliminieren, ggf. verkaufen
- TV: Abschöpfungsstrategie: Marktanteil halten, Mittel abschöpfen
- DVD: Investitionsstrategie: Marktanteil halten, ggf. leicht erhöhen
- Beamer: abhängig von der zukünftigen Marktentwicklung
  - bei aussichtsreicher Marktsituation: Investitionsstrategie: Marktanteil rasch steigern
  - bei aussichtsloser Marktstrategie: Desinvestitionsstrategie: Marktanteil senken oder Produkt eliminieren.

Lösung Aufgabe 5: *In der Praxis unterscheidet man Soll- und Ist-Portfolioanalysen. Diskutieren Sie den Sinn dieser Unterscheidung.*

Die Ist-Portfolioanalyse ist eine Bestandsaufnahme der gegenwärtigen Unternehmens- und Marktsituation. Sie ist damit rein beschreibender Natur. Die Soll-Portfolioanalyse hingegen stellt das vom Unternehmen gewünschte „Zielszenario“ dar.